¿Quién es Dios?

Anécdotas Personales y Poemas

¿Quién es Dios?

Anécdotas Personales y Poemas

Roberto Alago

Esta obra es una producción
original del autor.
Publicado en EE.UU.

Textos bíblicos tomados de
La Santa Biblia,
Nueva Versión Internacional. ©1999
Por la sociedad Bíblica Internacional.
Excepto donde se indique lo contrario.

Foto de la cubierta
Bahía de Aguadilla, Puerto Rico
Cuna del autor.
Tomada desde el parque Colón por
Rosalina Sánchez

Todos los derechos reservados.
© 2022 Roberto Alago.

Prohibida la reproducción total
o parcial en cualquier forma
sin la debida autorización de los editores.

Roberto Alago
6904 Vesta Brook Dr.
Morrow, GA, 30260

WWW.ROBERTOALAGO.COM

Table of Contents

Dedicatoria 7
Agradecimiento 8
Personaliza Tu Copia 9
Nacimiento Milagroso 11
¿Quién es Dios? 17
Como Moisés… 31
En Busca de la Verdad 39
Como José 49
Honor a Quien Honor Merece 55
Como Jonás 63
Como El Hijo Pródigo 71
POEMAS 89
Los Ángeles 91
El Buen Maestro 93
Por Eso 94
Mi Tía María Luisa 97
No Un Adiós 98
Nada 101
¿Quién es mi Dios? 102
Dios... Mi sustento 104
La Flor 106
Las Diminutas Flores 107
Emilcen 109

Hazme, Oh! Dios 109
Mujer 110
Tres Mariposas 111
EL Parterre De Aguadilla 113
¿A Quién Buscáis? 115
AGUINALDOS 117
Doña Valentina 119
Ponle Gasolina 120
Con Mucho Amor 121
Lo Que Está En Vitrina 123
¿Escucha Dios Mis Oraciones? 125

Dedicatoria

Le Dedico este libro a:

Mi hermana Elsa
Quien desde muy temprana edad
me hizo comprender la grandeza de Dios.

La memoria de la hermana Dionisia
Quien me presentó a Dios; El Espíritu Santo

Mi hermana Adela
Quien fue mi primera maestra
y me enseñó a leer mis primeras palabras.

Mi hermana María
Quien en mi adolescencia me ayudó a conocer
mejor a Dios en la persona de Jesús y
el cuerpo de Cristo; la iglesia
remanente.

Agradecimiento

Agradezco a...

Dios Todopoderoso
Creador del cielo y la tierra, el sustentador de todo el universo, quien da la inspiración y nos ha escogido desde antes de la fundación del mundo, para darnos vida.

Mi esposa, Emilcen
El instrumento usado por Dios para traerme de nuevo al redil.
Gracias por tu amor y paciencia conmigo.

Todos los maestros
Que dieron su tiempo para que yo aprendiera a escribir y leer.

Joel y Zonia Mayén
Rewel y Rosy García
Por tantos años de amistad y por su apoyo incondicional.
Porque nunca me juzgaron sino que me llevaron por el buen camino, con su amistad, sus consejos y su ejemplo.

Efraín Poloche
Quien ha sido una gran ayuda en mi vida personal y una inspiración y vivo ejemplo de una vida dedicada a Dios.

Rosalina Sánchez
Por regalarme y autorizar el uso de la foto de la portada de este libro.

La Sociedad de Jóvenes Adventistas, el Club de Conquistadores, las iglesias de Aiea, Anniston, Carrollton, Chamblee, Central de Aguadilla y Forest Park, Conyers, Cornelia, Dalton, Dublin, Este, Doraville, Douglas, Gulf Port, Indianapolis, Kolonia FSM, Maranatha, Marietta, Mt Olive, Nagua-Nagua, Jonesboro, Lawrenceville, Oxford, Primera de Atlanta, Riverdale, Villanueva, Warsaw, Mano Amiga, Samyouk Korean Language Institute y todas las otras iglesias que a través de los años me han dado la oportunidad de usar mis talentos para nuestro Dios.

Todos mis lectores.
Gracias por su apoyo y sus oraciones.
Que Dios les llene de bendiciones.

Personaliza Tu Copia

Desde niños, se nos ha dicho que no debemos escribir en los libros. Es la creencia de este autor, que la lectura debe ser una experiencia compartida, entre el autor y el lector. Por lo tanto, hemos dejado espacio suficiente, a través de este libro para que puedas personalizar tu copia y hagas tus propias anotaciones.

En estos espacios, puedes escribir tus pensamientos, tus sentimientos. También puedes ilustrar lo que has leído, lo que te recuerde o inspire esta lectura. Escribe tu propio poema, plegaria o verso. En fin, es tu espacio. Úsalo.

Nacimiento Milagroso

No nacemos por error ni por casualidad. Aunque, a veces pareciera que así es. Dice la palabra de Dios:

> **Antes de formarte en el vientre, ya te había elegido; antes de que nacieras, ya te había apartado…**   **Jeremías 1:5**

Contemplando mi pasado, puedo ver que desde muy temprana edad Dios me ha estado preparando para su servicio. De hecho, siendo apenas un niño de siete años, descubrí la forma milagrosa cómo Dios permitió mi concepción y nacimiento. Vale la pena mencionar, que yo soy el menor de quince hijos. Mis padres fueron casados y divorciados antes de unirse. Mi papá llegó a la vida de mi madre con seis hijos de su primer matrimonio. Mi madre, por su lado, estaba embarazada con su primera hija. Luego de unirse a mi padre, tuvieron ocho hijos, de los cuales yo soy el menor.

En una ocasión, escuché a mi mamá contarle el suceso de mi nacimiento a una vecina. Al igual que acostumbran muchos adultos, mi madre asumió, que como yo era un niño de apenas unos siete años y estaba jugando, yo no estaba al tanto de la conversación. Ella pensaba, que aún si yo escuchase, no comprendería lo que ellas hablaban. De lo contrario nunca hubieran tenido esta conversación en mi presencia.

La vecina le preguntó a mi mamá: "¿Ay por qué tú tienes tantos hijos? ¿Cómo es que no te operaste antes?" Mi mamá le contestó: "Yo no quería tener tantos hijos, pero los médicos no me querían operar.

Después que nació María, le pedí al doctor que me operara para no tener más hijos y me dijo que sin el permiso de mi esposo no me podía operar. Esperando por el momento apropiado para hablar con Tiquín (así le decían a mi papá), llegó Adela.

Otra vez le pedí al doctor que me operara pero me dijo que a menos que tuviera seis hijos, él no me podía operar sin el permiso de mi esposo. El doctor le pidió permiso a Tiquín pero él le dijo que no. Así que me tuve que resignar a tener otros dos.

Unos meses después que nació Tiquín, Jr. (mi hermano Antonio) le dije al doctor que me quería operar y como ya tenía mis seis hijos, me dijo que no había problema. Puso la fecha para tres meses después. Mientras esperaba la fecha para la operación, me descuidé y cuando llegué al médico, me hicieron el examen de sangre y me dio la noticia que ya venía Elsa en camino.

Cuando Elsa estaba por nacer, le dije al doctor que tan pronto naciera, yo me quería operar, ahí mismo, sin perder tiempo. Pero para mí desgracia, me dio varicela en el hospital con una fiebre bien alta y el doctor dijo que no se podía tomar el riesgo, que tendría que esperar. En esa espera, llegó Kily (mi hermano Ángel).

Otra vez, le rogué al doctor que al nacer el muchacho no me dejara salir del hospital sin operarme. Él estuvo de acuerdo, pero antes de que naciera la criatura, me dio sarampión. Otra vez, el doctor no me quiso operar, porque dijo que era muy peligroso. Me mandó para la casa, y mientras me recuperaba del sarampión y una anemia que le siguió, llegó este muchachito" (Refiriéndose a mí).

Así que, como puede ver mi querido lector, como solía decir mi madre; "el hombre propone pero Dios Dispone". Si mi madre y el médico que la atendía hubieran triunfado en su atentado, yo no hubiera nacido. Pero gracias a Dios por las pastillas olvidadas, la varicela y el sarampión. Aquí estoy. Para muchos, el saber que son hijos no esperados o no deseados, sería una noticia devastadora. De hecho, al escuchar a mi madre contar esta historia, me sentí triste y le reclamé llorando: "Tú no me quieres." Ella me tomó en sus brazos y muy cariñosamente me contestó: Al contrario, yo amo a todos mis hijos. Y le doy gracias a Dios porque El me los dio. Yo no cambiaría al más feo ni por un millón de pesos." Yo no sabía lo que era un millón de pesos, pero comprendí que el amor de mi madre por mí era grande.

Gracias a Dios, mi madre y mi familia me dieron mucho amor y cariño, por lo cual nunca me sentí fuera de lugar. A fin de cuentas, todos llegamos aquí de diferentes maneras y bajo diferentes circunstancias. Lo importante no es cómo llegamos, sino el hecho de que llegamos. Si no fuera por la forma en que llegamos, no seríamos. Para mí, es mejor ser que no ser. El que es, tiene la oportunidad de amar y ser amado. También tiene la oportunidad de servir al Dios viviente y disfrutar de todas sus bendiciones y ser una bendición para otros.

> **Pero tú me sacaste del vientre materno...**
> **Fui puesto a tu cuidado desde antes de**
> **nacer; desde el vientre de mi madre mi**
> **Dios eres tú.**   **Salmos 22:9-10**

Esto me trae al momento de mi nacimiento. Me contaron mi madre y mi padre, que mi nacimiento fue complicado y difícil. Tan complicado, que en cierto momento, el doctor que la atendía, salió de la sala de partos a hablar con mi papá. Le explicó la situación y le dijo que no podía garantizar la vida de la madre ni del niño. También preguntó el médico: En dado caso que tenga que decidir cuál vida salvar, ¿A quién quiere que salve? ¿A la madre o al niño? Mi padre se encolerizó y le habló muy fuertes palabras al médico, entre ellas: ¿Pero usted está loco? ¿Cómo se le ocurre que yo voy a escoger entre la vida de mi esposa y la de mi hijo? Métase a esa sala y asegúrese de que mi esposa y mi hijo salgan con vida. Porque si uno de ellos se muere usted también se muere.

Imagino que esto fue una de esas promesas vacías que a veces hacemos en un momento de cólera. Verdaderamente no creo que mi padre hubiera sido capaz de matar al médico. A pesar de todas sus faltas, mi padre era un hombre íntegro. Él le llamaba al pan, pan y al vino, vino. Para él un sí, era sí y un no, era no. No había necesidad de preguntarle dos veces.

Minutos más tarde, el médico salió de la sala de partos con una amplia sonrisa y anunció: "La madre y el niño están bien. Es un verdadero milagro". Mi papá estrechó su mano y le dio las gracias. Yo, por mi parte, doy gracias a Dios, porque estoy seguro que fue El quien intervino en el momento preciso, para que yo pudiera nacer. No hay duda, que cada nueva vida es un milagro de Dios.

Usted también, mi amigo lector, es un milagro de Dios. Aquellos que creen que la vida se formó a la azar, no comprenden lo maravillosa que es la vida. Solo Dios puede dar y preservar la vida. Solo Dios. Fuera de Él, no hay vida. De hecho, el mismo Charles Darwin, en su famoso y controversial libro "El Origen de las Especies" cierra con este comentario: "Pero, ¿cómo todo comenzó? Solo Dios lo sabe."

¿Quién es Dios?
Mis Primeros Años

Los cielos cuentan la gloria de Dios y la expansión la obra de sus manos...
                                        Salmos 19:1

Muchas personas tratan de negar la existencia de Dios. Pero la existencia de un Creador es tan obvia, que hasta un niño lo puede comprender.

Cuando yo tenía apenas cuatro años de edad, en una noche estrellada y mientras miraba al cielo. Por primera vez, me di cuenta de la grandeza de la creación de Dios. Por supuesto, en esos momentos, no sabía nada de Dios. Pero, El comenzó a hablar a mi tierno corazón. Yo estaba maravillado con esas lucecitas que cubrían todo el cielo. Y me preguntaba, ¿Quién las habrá puesto allí? ¿Se da cuenta mi amigo lector? Yo no sabía nada de Dios, pero me resultaba evidente que las estrellas no se hicieron a sí mismas ni surgieron al azar. Como dijere mi escritora favorita: "El orden del cosmos grita que hay un creador."[1]

Unos días después, en plena mañana, me di cuenta de lo maravilloso que es el sol. Yo trataba de mirar directamente a éste, y como se puede imaginar, mis ojos no podían resistir. Pero sintiendo su calor y maravillado por su luz, me preguntaba ¿Qué será? y ¿Quién lo habrá puesto ahí?

Otra vez, la evidencia de la naturaleza me decía que hay un creador. Mi hermana Elsa estaba conmigo esa mañana. Así que le pregunté a mi hermana: ¿Qué es esa bola brillante? El sol. Me contestó mi hermana. Y para qué sirve? Pregunté. Mi hermana, muy pacientemente contestó: Para darnos luz, para calentarnos y para hacer crecer las plantas que nos dan la comida. Seguí preguntando muy interesado: ¿Y por qué solo sale de día? y ¿A dónde se va en la noche? Mi hermana me explicó que la tierra es redonda y gira al rededor del sol. Y

---

[1] Ellen G. White – El Camino a Cristo

cuando aquí es de día, en el otro lado del mundo es de noche, que el sol es el que hace la luz del día y por eso es que solo le vemos en el día. ¿Y quién lo puso allí? Pregunté. Dios. Fue la respuesta de mi hermana.

De momento recordé que en muchas ocasiones había escuchado a mi madre decir la expresión "Si Dios quiere..." En ese momento, le hice una pregunta a mi hermana, cuya respuesta cambiaría mi vida para siempre.

Y... ¿Quién es Dios?

Mi hermana procedió a explicarme que Dios es el creador de todas las cosas. Él nos da la vida a nosotros, hizo el sol, la luna, el mar, los montes, las plantas, la comida que nos comemos y las estrellas. En ese momento, comprendí que Dios era alguien muy especial y poderoso. ¿Dios hizo las estrellas? Entonces, ¿Dios es grande? y ¿Dónde vive Dios? Las preguntas ahora fluían como un río caudaloso.

Mi hermana trató de contestar lo mejor que pudo. Dios vive en el cielo; me dijo. Él es bien grande y poderoso. Él tiene muchos ángeles que hacen lo que él dice. Yo quería conocer a ese Dios que era tan bueno con nosotros, dándonos comida, el sol y las hermosas estrellas que se veían en la noche. Pero eso tendría que esperar, siendo que mi hermana de apenas seis años de edad, me había dicho todo lo que ella sabía acerca de Dios.

Poco tiempo después, una anciana llamada Dionisia, comenzó a llegar a mi casa los sábados de tarde. Ella nos contó historias de cómo Dios ayudó a hombres como Daniel, David, José, y Moisés. También nos contó muchas otras historias que comenzaron a ayudarme a comprender no solo la grandeza y el poder de Dios, sino también su interés en los asuntos de los que le aman.

En una ocasión, mi madre salió al mercado sin mí. Al llegar la hermana Dionisia me encontró llorando. Se me acercó y muy cariñosamente me preguntó. Nene ¿Qué te pasa?, ¿Por qué lloras? Yo le contesté, entre sollozos: Mi mamá se fue y no me llevó. Ella me dijo: No llores, que Dios está contigo. Mi respuesta... Y ¿Cómo yo no lo veo? Ella me abrazó cariñosamente y me explicó que Dios es invisible.

Solo le podremos ver cuando lleguemos al cielo. Pero hasta ese día, Dios, en la forma y persona del Espíritu Santo, es un compañero permanente en nuestras vidas. La hermana Dionisia me ayudó a comprender que Dios, el Espíritu Santo, es capaz de estar en todo lugar al mismo tiempo. Con El a nuestro lado, nunca estamos solos. Y si se lo pedimos, nunca nos abandona. Ella me preguntó si yo quería estar con Dios. Yo le dije que sí. Desde ese momento, nunca me he sentido totalmente solo.

> **Jesús dijo: Y yo le pediré al Padre, y él les dará otro Consolador para que los acompañe siempre: el Espíritu de verdad, a quien el mundo no puede aceptar porque no lo ve ni lo conoce. Pero ustedes sí lo conocen, porque vive con ustedes y estará en ustedes.... Juan 14:16-17**

Siempre he tenido alguien a mi lado con quien hablar. Alguien a quien le puedo contar mis más íntimos secretos. Alguien que me da la fortaleza necesaria para pasar los peores momentos de mi vida y alguien con quien compartir mis sueños y mis alegrías. Desde entonces he procurado siempre hablar con ese amigo especial.

Lamentablemente, la hermana Dionisia dejó de llegar. Años más tarde descubrí el motivo; su esposo había caído en cama y ella quedaba en casa para cuidar de él. Pero más adelante veremos cómo Dios usó a esta hermana en sus últimos años para entrenar a un grupo de niños para llevar el evangelio a algunas partes de mi pueblo que no eran muy atendidas por la iglesia.

Aunque mis padres eran profesos católicos, en mi casa nunca se hablaban asuntos religiosos. Mis padres iban a la iglesia sólo la noche de navidad para la misa del gallo y en ocasiones especiales como bautismos, bodas y funerales.

Ellos sabían que los muchachos que asisten a alguna iglesia tienen mejor comportamiento que los que no asisten a ninguna iglesia. Por eso no nos prohibían asistir. A veces, mis hermanos asistían a alguna iglesia con algunos de sus compañeros de escuela. Pero nunca con regularidad, sino esporádicamente, cuando en su iglesia había algún programa especial.

Mi madre se mostraba feliz cada vez que uno de sus hijos pedía permiso para ir a alguna iglesia. Mi padre, se mostraba indiferente y lo dejaba al criterio de mi madre quien siempre decía que sí. Si alguien venía a dar estudios bíblicos a algunos de mis hermanos, era siempre bienvenido, excepto por los testigos de Jehová, de quienes mi papá no tenía un buen concepto por una experiencia pasada en la que un amigo suyo dejó morir a su esposa, por no permitir que los médicos le dieran una transfusión de sangre.

Corrieron los años y mi niñez continuó como la niñez de tantos otros. Hasta que llegó un verano muy interesante. Fue el verano del 1973. Yo tenía ocho años y este sería el verano que yo conocería la otra persona de Dios; el Hijo.
Este también fue el verano en que conocí a mi buena amiga Grimilda, la cual años más tarde se convertiría en la inspiración de uno de mis poemas el cual veremos más adelante. Y este fue el verano donde encontré la religión y la palabra de Dios.

Nuestra casa estaba en una colina conocida como la Cuesta Vieja en la que las casas están ubicadas a ambos lados de la calle. Ese verano, abrieron una iglesia pentecostal unas cinco o seis casas más arriba de la casa donde vivíamos. Algunos de los muchachos del vecindario comenzaron a asistir, incluyendo a algunos de mis hermanos y hermanas. Ya para esta fecha, solo quedábamos ocho de los quince. Los demás estaban casados y vivían en los Estados Unidos.
Desde mi casa podíamos escuchar los sonidos de los instrumentos musicales y aunque no se percibían las palabras de los himnos y coritos, sabíamos que los cantos eran muy alegres. Un domingo por la tarde, mi hermano Ángel me dijo: Roberto vamos a la iglesia a ver qué es lo que hay. Así que, después de la cena, nos bañamos y vestimos apropiadamente, y nos fuimos tras mis otros hermanos.

Al llegar a la iglesia buscamos un lugar más o menos en el centro del ala derecha y comenzamos a observar todo nuestro derredor. Todos en el lugar eran mis vecinos, excepto por un hombre que estaba en la plataforma, quien luego supimos era el pastor y su esposa. También había una señora bastante entrada en años la cual nunca había visto antes y a su lado estaba su nieta, Grimilda. Esta era la niña más hermosa que yo había visto hasta ese momento de mi vida.

También vimos cosas que nos parecieron extrañas; como gente orando todos al mismo tiempo y en voz alta, gente hablando en "lenguas" desconocidas para nosotros. A mí en lo personal, todo me parecía un "revolú" o sea un desorden. Definitivamente no fue la experiencia que yo esperaba. Después del desorden, cantaron algunos coritos y eso sí me gustó. Luego el pastor comenzó a hablar y confieso que no entendí nada de lo que habló. De hecho, no recuerdo nada de lo que dijo.

Al siguiente domingo, yo estaba ansioso por ir a la iglesia, pero sabía que a menos que uno de mis hermanos me invitase, no podría ir solo. Pero mis hermanos no acostumbraban salir con los pequeños. Así que le dije a mi hermano Ángel: Vamos a la iglesia a ver a la gente hablar en lenguas. Eso solo lo dije, porque sabía que mi hermano ya había formado su opinión de que esto era solo un espectáculo y sabía que de esa manera el estaría de acuerdo en ir conmigo.

Pero, mi verdadera razón para ir eran dos: La música, que me llamaba mucho la atención y luego llegaría a ser una parte importante de mi vida. Y ¿la otra razón? esa niña; Grimilda, que no la podía sacar de mi mente. Y así comenzamos ir a la iglesia pentecostal semana tras semana, pero salía de la iglesia tal como entraba.

Recuerdo que a la hora de orar, yo me tapaba los oídos para no escuchar el desorden. El pastor hablaba mucho, pero no decía nada que me hiciera pensar o reflexionar. Al transcurso de varias semanas, un domingo la iglesia no abrió. Llegó el rumor de que el pastor había sido arrestado por estar traficando drogas. Al enterarse de ese rumor, mi papá dijo; "no van más a esa iglesia. Si el pastor es un criminal, ¿Que se puede esperar de los demás?" Así que, hasta ahí llegó nuestra relación con esa iglesia. Unos pocos días después, la iglesia cerró sus puertas permanentemente, siendo que todo el vecindario tomó la misma posición.

Unas semanas después que cerraron la iglesia pentecostal, mi mamá y yo veníamos de regreso del mercado y pasábamos por la casa de un vecino al que llamaban; Don Lolo.

La casa de Don Lolo quedaba a unas tres casas cuesta abajo de la nuestra. Cuando pasábamos por su casa, nos dimos cuenta que estaban derrumbando unas paredes. Tan pronto llegué a mi casa, le di la noticia a mi hermano Ángel y ambos corrimos a ver la demolición. Esta se volvió nuestra rutina por varios días. Pronto nos dimos cuenta que no era una total demolición sino una re-construcción. Un día, estaba Don

Lolo trabajando solo, haciendo las terminaciones. Mi hermano y yo llegamos, le preguntamos ¿Qué hace? y nos dijo que estaba construyendo una iglesia y nos invitó a venir el próximo domingo.

El domingo en la tarde fuimos a la iglesia en casa de Don Lolo. Cantamos algunos coritos, nos contaron una historia, oramos y al despedirnos nos regalaron un librito. Yo miré la portada del librito y el título me llamó la atención porque solo era una palabra: Mateo. Al llegar a casa me senté y comencé a leer el libro.

Lo primero que hice fue hojear a ver si tenía fotos o dibujos. Para mi sorpresa, los dibujos eran de gente que al parecer los había dibujado un niño. Así que, comencé a leer, por primera vez en mi vida, el Evangelio Según San Mateo. El libro estaba tan interesante que pasé toda la tarde leyendo. A la siguiente semana repetimos la rutina, solo que esta vez, me regalaron el libro de Marcos.

Otra vez, al llegar a casa me leí el librito de una sola sentada. A la siguiente semana Lucas y a la próxima Juan. En esa semana también me regalaron una "Pequeña Biblia" y entre todos los versículos, estaba el que pronto se convertiría en mi texto favorito:

> **Porque de tal manera amó Dios al mundo, que ha dado a su Hijo unigénito, para que todo aquel que cree en él no se pierda, más tenga vida eterna.   Juan 3:16**

Para esa cuarta semana, anunciaron que el pastor de la iglesia venía a predicar el siguiente miércoles. Así que, todos estábamos invitados para este evento especial.
Llegado el miércoles, fuimos a la iglesia y disfrutamos de un buen servicio de cantos con un grupo de jóvenes que vino de la iglesia Bautista de Camaseyes, la cual era la iglesia a la que

pertenecían Don Lolo y su familia. Esa noche, el pastor hizo un excelente trabajo al presentar el plan de la salvación. Habiendo leído los cuatro evangelios, mi tierno corazón ya estaba ansioso de entregarse a Jesús. Así que, cuando el pastor hizo el llamado, para mí fue lo más natural levantarme para ir al altar y entregar mi vida a Jesús.

Mi hermano Ángel, que estaba sentado a mi lado, al verme levantar me agarró del brazo izquierdo y me pregunta: ¿Para dónde vas? Al altar. Yo le contesté muy seguro de mi respuesta y di media vuelta para continuar. Pero una vez más sentí un tirón.

Tú no sabes lo que estás haciendo, ¡siéntate! Yo sé lo que estoy haciendo. ¿Qué estás haciendo? Lo que dijo el pastor, le voy a entregar mi vida a Jesús. Tú no quieres hacer eso. ¿Y por qué no? Jesús dio su vida por mí y yo le quiero dar mi vida a Él. ¿Tú no sabes lo que eso quiere decir? Y ¿Qué quiere decir?

Eso quiere decir que te vas a hacer miembro de esta iglesia. Eso no fue lo que dijo el pastor; él dijo que le entreguemos nuestra vida a Jesús y eso es lo que yo quiero hacer. Siéntate, tú no sabes lo que haces. Yo le voy a entregar mi vida a Jesús, si tu no quieres allá tú, pero déjame a mí hacer lo que yo quiero. Con un fuerte movimiento de mi brazo me solté de las manos de mi hermano y corrí al altar.

Por fin, tenía la oportunidad de entregar mi vida al Dios que nos creó, al que hizo las estrellas y sufrió por mí. Algún día podría verle cara a cara. El gozo que sentía era indescriptible. Al levantarme después de que el pastor orara me sentía feliz, como nunca antes.

La experiencia fue mejor que nada que hubiera experimentado antes o después. Al regresar a mi asiento, le dije a mi hermano lo bien que me sentía. Mi hermano me habló fuertemente... Tú estás loco me dijo. Ahora te vas a ser miembro de la iglesia. Yo le contesté con una pregunta: Y ¿Qué tiene eso de malo? Pero mi hermano no quiso hablar más del asunto.

Ahora, para muchos resulta difícil creer que un niño de ocho años de edad pueda comprender el plan de la salvación. Pero por experiencia propia les puedo decir, que aunque tal vez no todos lo puedan comprender, algunos sí lo comprenden. En mi vida me he encontrado con niños que a una temprana edad comprenden que son pecadores y necesitan de un Salvador y que Jesús es el único medio por el cual pueden ser salvos.

Mientras, por otro lado, he conocido adultos, que aún después de haber leído la biblia, no sienten esa necesidad. Personalmente, no creo que sea un asunto de edad, sino de disponibilidad. Cuando una persona desea conocer a Dios, sin importar la edad, Dios se ha de revelar a esta.
Al siguiente domingo, comenzaron a transportarnos a la iglesia Bautista de Camaseyes. Los miércoles en casa de Don Lolo y los domingos en la iglesia. Camino a la iglesia cantábamos coritos e himnos. En la iglesia, cantábamos y estudiamos acerca de todos mis héroes favoritos.

Esta rutina continuó por unos tres meses, hasta que un día se comenzó a correr el rumor que en un campamento con los jóvenes, el pastor había expuesto sus partes íntimas a la vista de todos los jóvenes mientras explicaba lo que es una circuncisión. Si este rumor era cierto o no, nunca supimos, porque tan pronto mi papá se enteró, nos prohibió volver a esa iglesia.

Al siguiente año nos mudamos a un apartamento en un residencial recién construido, como una media milla cuesta arriba; el Residencial Cuesta Vieja. Un domingo de verano en la tarde, mientras estaba a fuera jugando con mis amigos, nos dimos cuenta que en el centro comunal, que quedaba a unos cincuenta metros del edificio donde yo vivía, estaban colocando sillas.

Así que, entramos y nos encontramos con una señora entrada en años y con su hija. La señora nos dijo que iban a tener una escuelita y estábamos invitados a quedarnos. Nos sentamos, cantamos unos coritos, nos contaron la historia de la creación. Oramos al Dios Creador del mundo. Nos dieron unos dulces por buen comportamiento y salimos. Esto se volvió rutina hasta que al final del verano la escuelita cerró.

Al siguiente verano, en la cancha de baloncesto se celebraron varios cultos religiosos. Uno de los cultos fue de un grupo al que llamaban Los Catacumbas, cuyos miembros andaban descalzos y vestía túnicas con colores vivos y sus cabellos largos o en un afro. Aunque su música era entretenida, su mensaje me recordaba al pastor de la primera iglesia pentecostal; mucho hablar sin convicción.

También hubo varios otros grupos, entre ellos varios pentecostales. En uno de estos cultos, recibí un pequeño tratado que explicaba el plan de la salvación en una forma muy sencilla. Se lo mostré a mi hermano Ángel quién lo leyó y sugirió escribir a la dirección en el dorso para pedir que nos enviaran más tratados.

Siguiendo la sugerencia de mi hermano, envié una nota a la dirección indicada que decía: "Deseo recibir más tratados". Unas dos semanas después, recibí por correo un paquete conteniendo exactamente doscientos tratados. Mi hermano Ángel estaba conmigo y nos dimos cuenta que todos los tratados eran iguales. Yo le pregunté a mi hermano que íbamos a hacer con todos esos tratados. El me sugirió repartirlos por todo el complejo de apartamentos. Coincidentemente, si es que existen las coincidencias, los apartamentos en el complejo eran exactamente doscientos.

Así que, mi hermano y yo nos dimos a la tarea de repartir todos los tratados

Como éramos niños, la gente nos recibía con gozo y las puertas que no se abrieron, recibieron uno, ya fuere por debajo o insertado al lado de la cerradura. La experiencia nos gustó tanto que envié por otro paquete y esta vez nos enviaron muchos más de doscientos. Así que, repartimos los doscientos de nuestro complejo y luego nos fuimos a las otras vecindades en el barrio.

Este proceso lo repetimos como unas seis veces más, hasta que mi hermano Ángel me dijo que no los pidiera más. Aunque no pedimos, nos llegó un paquete más y esta vez, sabiendo que mi hermano no quería ir, me fui solo y repartí el paquete completo.

De esta experiencia aprendí, que hay muchas personas que están deseosas de conocer acerca de Dios, solo están esperando que alguien llegue a sus puertas y le haga la invitación.

Ahora me doy cuenta que para alcanzar a nuestra comunidad con el plan de salvación, Dios utilizó a estos dos niños, uno que le entregó su corazón y el otro que aunque públicamente no le quiso entregar su vida, le gustaban las cosas sagradas lo suficiente como para dar de su tiempo, para repartir literatura a sus vecinos y hacer su parte para dar a conocer a Dios.

Alguien dijo que, en los últimos días, los niños terminarán la obra. No se sorprenda de eso, porque yo he visto niños predicar mejor que muchos adultos y los niños salen a la obra sin miedo ni pre-conceptos. Con razón dijo Jesús que debemos recibir su reino como niños. (Marcos 10:15)

Como Moisés...
Sacado de las Aguas

> **Yo lo libraré, porque él se acoge a mí; lo protegeré, porque reconoce mi nombre. El me invocará y yo le responderé; estaré con él en momentos de angustia; lo libraré y lo llenaré de honores. Lo colmaré con muchos años de vida y le haré gozar de mi salvación.**
>
> **Salmos 91: 14-16**

Siendo que nací y crecí en la costa oeste de Puerto Rico, usted pensará que sé nadar desde muy temprana edad. Pero la realidad es todo lo contrario. Yo no aprendí a nadar hasta que tenía trece años de edad.

Resulta, que cuando mi madre era apenas una muchacha, salió con todos sus hermanos a la playa. Mientras todos se divertían, uno de sus hermanos, mi tío Luis, fue arrastrado por la corriente y si no es porque mi mamá lo sacó a tiempo, el muchacho se hubiera ahogado.

Innecesario es decir, que mi mamá quedó tan traumada por esta experiencia, que no nos permitía a sus hijos pequeños ir a la playa a menos que ella estuviera presente y ella solamente iba a la playa en el famoso día de San Juan. Por lo que me tomó tanto tiempo aprender a nadar.

 Ya a los trece años, yo era suficientemente grande como para que mi madre me permitiera ir solo a la playa con mis hermanos. En una ocasión, estaba nadando en la famosa playa del "Crash Boat". Sin darme cuenta, me alejé más de lo que debía y fui atrapado por la corriente. Como nadador principiante, comencé a luchar contra la corriente. Mientras más nadaba, más me alejaba de la costa. Desde allá yo gritaba a la gente que veía en la playa, pero nadie venía a mi socorro. Cada vez que levantaba la cabeza para mirar, veía todo más pequeño por lo que sabía que estaba en un problema muy serio.

A la orilla de la playa, fuera de mi conocimiento estaba un hombre sentado al lado de mi hermano Ángel. El hombre tocó el hombro de mi hermano y le dijo: Tu hermano está en problemas. Eso ahí está tan profundo que ni yo me atrevería nadar allí. Mi hermano le dijo: Pues, por mí se ahoga porque yo no sé nadar y no lo puedo sacar. El hombre le preguntó y… ¿tus otros hermanos? Mi hermano Ángel le contestó, "Yo no sé dónde andan". Con eso el hombre se lanzó al agua para ir a mi rescate.

Ya mis energías se estaban agotando. Cansado de nadar y luchar contra la corriente, pensé que tal vez sería buena idea dejarme ir hasta el fondo, caminar un poco, salir por aire y repetir el proceso hasta llegar a la orilla. Esta, muy pronto reveló no ser muy buena idea. El fondo estaba más profundo de lo que yo había anticipado. Y al subir, la corriente me arrastraba más lejos.

Ya estaba cansado de luchar contra la corriente y reconocí que el final de mi vida era inevitable. A menos que alguien interviniera, no iba a salir vivo del agua. En ese momento recordé las palabras de Jesús en la cruz. Así que me preparé a recibir la muerte. Pedí perdón a Dios por mis pecados, aunque en ese momento no recordé ninguno. Elevé mi mano derecha al cielo y dije, como Jesús dijere en la cruz al morir por ti y por mí: "Padre, en tus manos encomiendo mi espíritu". Y con esas palabras tomé lo que pensé sería mi último suspiro y me entregué a las aguas de la muerte.

> **En mi angustia invoqué al Señor; llamé a mi Dios, y él me escuchó desde su templo; ¡mi clamor llegó a sus oídos!**
> **2 Samuel 22:7**

Cerré mis ojos y sentí que ya no iba a poder aguantar el aire más. No tenía fuerzas para subir otra vez, así que sabía que en unos segundos mi vida terminaría. Pero en ese momento, sentí una mano que me agarró por los cabellos y me sacó del agua. Era el extraño que había estado en la orilla con mi hermano.

Tan pronto me sacó, tomé un gran bocado de aire. Y comencé a decir gracias, gracias. El hombre me dijo: Relájate que yo te voy a sacar. En todo el viaje, lo único que yo podía decir era: Gracias, gracias... y seguí dándole gracias al hombre y en mi mente agradecía a Dios, hasta que llegamos a la orilla. Ya cuando vi que el agua le llegaba a las rodillas le dije: Yo puedo caminar de aquí.

El hombre me soltó y caminé unos pasos a los brazos de mi hermana Elsa y mi hermano Antonio, quienes esperaban ansiosos en la orilla y al recibirme comenzaron a preguntar qué había pasado. Inmediatamente llegaron mis hermanos Ángel y José, mis vecinas Maritza y Raquel y otros amigos que estaban en la playa.

Todavía me sentía débil así que me senté en la arena. Mientras me sentaba, noté que el hombre que me había sacado del agua se fue a sentar al lado de una joven que estaba sentada en la arena. Mis hermanos y mis amigos todos me hicieron un círculo. Pregunté a mi hermano Ángel: ¿Quién fue ese hombre que me sacó del agua? Yo no sé, yo nunca lo he visto antes. Me dijo mi hermano. Y prosiguió contándome lo que el hombre le había dicho; de que yo estaba en problema y que el lugar donde yo estaba era profundo, etc.

A eso le dije: Déjame ir a darle las gracias él está allí y señalé el lugar donde el hombre se había sentado unos momentos antes. Pero no estaban, ni el hombre, ni la mujer con la que se había sentado. Así que mi hermano Ángel y yo caminamos toda la playa buscándoles y no les encontramos.

Más tarde, mientras analizaba el asunto, pensé: Si ninguno de mis hermanos conocía al hombre, ni le habían visto antes, ¿Cómo es que él sabía que Ángel y yo somos hermanos? ¿Cómo es que después de sacarme se sentó en la arena y cuando yo fui a darle las gracias ya se había desaparecido? y ¿A dónde se fue?, pues no lo encontramos ni en la playa, los baños, el estacionamiento, en ninguno de los lugares de comer, ni en la barra que había allí cerca. Es como si el hombre había hecho acto presente solo para rescatarme a mí. Cumplida su misión se desapareció y no le volvimos a ver nunca más.

Por eso no me cabe duda, que aquel extraño no es otro que un ángel enviado por Dios a rescatarme de una muerte segura. Doy gracias al Dios Todopoderoso, que como a Moisés, me rescató de las aguas de la muerte.

> **Ya que has puesto al Señor por tu refugio, al Altísimo por tu protección, ningún mal habrá de sobrevenirte, ninguna calamidad llegará a tu hogar. Porque el ordenará que sus ángeles te cuiden en todos tus caminos. Con sus propias manos te levantarán...** **Salmos 91:9-12**

El año anterior, Dios me había librado de las garras de la muerte con brazo fuerte. Durante ese tiempo, algunos de los muchachos de mi escuela acostumbraban jugar en los techos de la escuela. Esto fue en la escuela intermedia Rafael del Valle, la cual en los días de la colonización española había servido como fuerte para defender la bahía de Aguadilla.

El juego se desarrollaba sobre los tres edificios principales: El comedor, cuyo techo era de cemento y podíamos corretear sin disturbar a los que estaban dentro, el anexo, cuyo techo era de zinc corrugado y estaba a un paso de separación del comedor y el edificio principal, cuyo techo también era de zinc corrugado y estaba a una gran distancia. La separación era tal, que seis muchachos se podían parar uno al lado del otro, hombro con hombro.

Parte del juego incluía saltar de un edificio al otro. Yo siempre perdía porque temía saltar al edificio principal. Hasta que en una ocasión, me armé de valor y decidí saltar. Todos mis compañeros se formaron en dos líneas una a cada lado para darme ánimo. Comencé a correr en lo más remoto del anexo y al llegar al borde salté con todas mis fuerzas.

Cuando aterricé en el edificio principal, solo aterricé en el borde sobre la mitad de mis pies. Miré hacia abajo y vi el pasillo de cemento que pronto recibiría mi cuerpo. Sentí que me caía hacia atrás. Y me entró pánico el cual nunca había sentido antes. Un pensamiento subió a mi mente "Dios mío ayúdame." Inmediatamente, una ráfaga de viento me empujó y caí hacia adelante con manos y pies sobre el techo.

Años más tarde, llevé a mi esposa a esta escuela y le conté lo que te acabo de contar. Ella, al ver la distancia, me preguntó sorprendida: ¿Ustedes se atrevían saltar de ahí a ahí? y añadió: A la verdad que ustedes eran locos. Mi respuesta: ¿Me lo dices? Hoy día, tú no me podrías pagar lo suficiente para intentar eso. Esto dije, porque al mirar la distancia, yo estaba sorprendido que un muchacho tan frágil como era yo, pudiera completar tan gran salto.

Una amiga me dijo una vez, que "Dios protege a sus borrachitos y sus locos." Si es cierto que saltar de estos edificios era y es una locura, ciertamente la mano de Dios me protegió al completar este salto.

En Busca de la Verdad
Y Esta, Os Hará Libres

Mi hermana María me llevó por primera vez a la iglesia Adventista del Séptimo Día. Cuando yo tenía cuatro años. Ella, junto con mis hermanos Héctor y Adela, asistían a la iglesia Central de Aguadilla y hasta se bautizaron y participaban de la obra misionera. Pero, como suele suceder con nuestros jóvenes, uno a uno, todos perdieron el interés por las cosas sagradas, abandonaron el estudio de La Biblia y se alejaron de la iglesia. Al pasar los años, mi hermana María, se fue a cursar estudios universitarios, a la ciudad de Mayagüez.

Mientras María estaba en Mayagüez, sintió el llamado Dios y comenzó nuevamente a buscarle. En su búsqueda, tuvo la oportunidad de conocer a jóvenes de varias iglesias de diferentes denominaciones. Todos estos jóvenes le parecían cristianos sinceros, pero siendo que todos eran de diferentes iglesias, predicaban y enseñaban las verdades bíblicas de acuerdo a las enseñanzas y tradiciones de sus respectivas iglesias. Todos decían tener la verdad, sin embargo, no todas sus doctrinas estaban de acuerdo con lo que ella había aprendido en el pasado. Ella quería aceptar lo que estos jóvenes le enseñaban, pero en su corazón siempre estaba la duda.

En medio de tanta confusión, María oró a Dios para que le mostrase el camino. Si es que Dios todavía le amaba y estaba dispuesto a recibirla, ella quería hacer la voluntad de Dios. Pero con tantas opciones no sabía dónde ir. Así que, le dijo a Dios que la primera persona que la invitase a estudiar La Biblia, con esa persona ella estudiaría. Pero, ella quería que Dios pusiere a la persona correcta en su camino.

Al siguiente día, vino a su puerta una amiga, la cual ella había conocido en la iglesia Central de Aguadilla, cuando eran adolescentes y la cual no había visto desde que ella se había separado de la iglesia. Su amiga estaba tocando a su puerta para invitarle a estudiar La Biblia. ¿Se pueden imaginar la alegría de ambas amigas de la adolescencia al volverse a encontrar? Mi hermana agradeció a Dios por haber dado tan clara respuesta a su oración. Al traer a su vieja amiga, Dios le estaba indicando, no solo el camino a seguir, sino también, que Él la aceptaba de vuelta a su familia.

Al siguiente fin de semana, mi hermana regresó muy contenta a nuestra casa, y me relató lo que les acabo de contar. En ese momento me hizo la invitación para que la acompañara a la iglesia y por primera vez, visité la iglesia Adventista del Séptimo día por voluntad propia.

Los hermanos de la iglesia nos recibieron muy amigables, especialmente, todos los que recordaban a mi hermana. Después de ese primer sábado, yo esperaba ansioso los sábados.

En la casa de Dios, conocí muchos verdaderos cristianos que vivían lo que predicaban. Cada vez que iba a la iglesia, me sentía mucho mejor que en mi propia casa. Para mí ir a la iglesia me traía paz y calma. Se pueden imaginar, siendo el menor de tantos, mi casa a veces estaba llena de mucho tumulto, pero en la iglesia, yo me podía sentar y disfrutar de la música en un ambiente sereno y tranquilo.

Allí se cantaban himnos que me hacían sentir cerca de Dios. No como algunos de los coritos se solía cantar en otras iglesias, que aunque traían gozo, no traían paz. Aquí se sentía una atmósfera divina. También conocí a otros muchachos contemporáneos, los cuales me ayudaron a conocer muchas de las verdades bíblicas y me ayudaron a descubrir el gozo de servir a Dios a través del servicio a otros y el estudio de su palabra.

Unos meses más tarde, tuve la dicha de ver a mi hermana bajar a las aguas bautismales. Ese mismo día yo tomé la decisión de prepararme para el bautismo. Al siguiente año, en la iglesia de Aguada, tomé el paso y fui bautizado por el pastor Leopoldo Peinado, pastor del distrito de Aguadilla. Como miembro de la iglesia de Aguadilla, tuve muchas grandes experiencias al servicio de Dios.

A menudo salíamos mi hermana y yo con el bando de oración que se reunía en El Reparto López, en la casa del hermano Juan Rosario y su esposa Helen. Estos se convirtieron en mis ángeles guardianes y siempre me hicieron sentir como parte de su familia.

Después de un buen almuerzo en casa de la familia Rosario, nos dividíamos en grupos pequeños para salir a la obra misionera. Unos salían al hospital a visitar a los enfermos, otros salían a visitar a los hermanos que se habían ausentado al culto de la mañana. Otros salían a repartir literatura, otros a dar estudios. Algunos salían a visitar a las visitas que todavía no eran miembros y otros a visitar los presos en la cárcel de Aguadilla.

Habiendo salido con todos los grupos, Mi grupo favorito era el grupo que iba al hospital a visitar los enfermos. Aunque nunca me ha gustado ver a la gente sufrir, me encantaba ver la sonrisa en el rostro de los pacientes cuando le cantábamos himnos y orábamos por ellos. Algunos nos agradecían porque ellos no tenían familia y al llegar nosotros ellos sentían el gozo de compartir como si fuésemos sus familiares.

También tuve la oportunidad de participar del club de Conquistadores. Un grupo de jóvenes llenos de energía, que estaban dispuestos a ir donde Dios les enviase, sin importar lo que los demás dijeren. En dicho club, conocí a muchos jóvenes llenos de convicción, de los cuales los más que me impresionaron fueron: Magda Hernández y Edgardo García.

Recuerdo que Magda tenía apenas unos doce o trece años de edad. Un día, al terminar la reunión del club, Magda estaba llorando rodeada de algunas de las muchachas. Llegamos el grupo de varones y preguntamos qué sucedía. Nos dijeron que Magda estaba llorando porque ella se quería bautizar a la siguiente semana y su mamá no le daba el permiso. No solo eso, sino que su mamá le dijo, que si se bautizaba, la echaría de su casa. Todos hicimos un círculo alrededor de Magda y oramos por ella y su madre.

A la siguiente semana, muy gozosos vimos a Magda bajar a las aguas bautismales. De regreso a su casa, la familia Rosario la llevó y como de costumbre, también me llevaban a mí. Recuerdo que al bajarse Magda del auto, la hermana Helen le dijo a su esposo que esperara un momento, hasta que Magda entrara y volviera a salir, porque ella no estaba segura de que su madre le permitiría permanecer en su casa, siendo que Magda se había bautizado sin la autorización de su madre.

A los pocos minutos, Magda volvió a salir y con una gran sonrisa extendió su brazo mostrando sus palmas en señal de adiós. Comprendimos que Dios había contestado nuestras oraciones y su madre le permitió regresar.

La sorpresa más grande que me he llevado en mi vida, fue años más tarde, cuando estaba de visita en la iglesia de Borínquen y me tocó sentarme justo al lado de Magda. Claro, que ya habían pasado veintiún años desde la última vez que nos veíamos, así que le tomó unos minutos reconocerme. Luego de repasar nuestra breve historia, me dijo: "Te tengo una sorpresa, ven." Me tomó de la mano y me llevó a unas cuantas bancas detrás de la banca en la que estábamos. Allí me presentó a su mamá y ambas me contaron el impacto que la convicción de Magda había tenido en su madre. Dios utilizó a esta joven para alcanzar a su mamá. Ahora, son hermanas en Cristo. ¡Gloria a Dios!

Y todo el que por mi causa haya dejado casas, hermanos, hermanas, padre, madre,

hijos o terrenos, recibirá cien veces más y heredará la vida eterna.
Mateo 19:29

Edgardo García era otra dinamita. Los sábados de tarde, Edgardo salía con otro grupo de muchachos a repartir literatura e invitar a todo el que estuviese dispuesto a estudiar la biblia. En una ocasión estábamos teniendo una conversación y el mencionó que en la tarde él y algunos de los muchachos del club de conquistadores saldrían juntos a la obra misionera. Me hizo la invitación a salir con ellos. Así que esa tarde, después del almuerzo, comenzamos la rutina que ellos seguían todos los sábados.

Primero, fuimos a la casa de "Mami Dioni" como ellos la llamaban. La sorpresa que me llevé cuando entré a la casa de esta hermana y me di cuenta que era la misma anciana que acostumbraba ir a mi casa los sábados de tarde cuando yo tenía cuatro años de edad. Qué alegría la mía. Cuando entramos todos los muchachos la abrazaron, cada uno recibió un beso y un abrazo. No en balde le llamaban "Mami", ella los trataba a todos como si fueran sus hijos.

Siendo que yo fui el último en entrar, ella le pregunta a Edgardo: ¿Y me vas a presentar a este joven tan guapo? Después que Edgardo hizo las presentaciones debidas, ella dijo: ¿Alago? ¿Tú eres de los Alago de la Cuesta Vieja? Sí, fue mi respuesta. Y luego continué relatando los recuerdos que tenía de cuando ella nos visitaba cuando yo era pequeño. Pasamos un buen rato intercambiando recuerdos. Cundo le pregunté por qué había dejado de visitar mi casa, me relató cómo su esposo había enfermado y siendo que ellos vivía solos, ella quedaba en casa para cuidar de él. Salía, solo si era absolutamente necesario. Lo demás, los hermanos de la iglesia y los muchachos del vecindario le ayudaban a hacer.

Después de visitar un rato, la hermana Dionisia me explicó la forma como ella se mantenía activa en la obra misionera. Ella comenzó un negocio en su casa, el cual le permitía estar al lado de su esposo y le ayudaba ganar el dinero necesario para cubrir sus gastos.

Cada persona que venía a su negocio, recibía alguna bendición, una revista, una palabra de aliento. Pero lo más impresionante es que como ella no podía alejarse de su esposo, todos los muchachos del vecindario estaban invitados a venir a su casa en las tardes y ella compartía con ellos las verdades de la biblia.

Los sábados de tarde llagaban Edgardo y sus amigos y ella les enseñaba una lección, oraba con ellos, les daba algunas revistas y los enviaba a compartir la lección con otras personas. Los muchachos, se dividían en dos grupos y se iban por todas las casas vecinas a estudiar con todo el que estuviera dispuesto. Personalmente vi a Edgardo dar estudios y quedé impresionado por la forma tan elocuente que tenía de presentar el estudio, ¡a los diez años de edad!

> **...sabemos que Dios dispone todas las cosas para el bien de quienes lo aman....**
> **Romanos 8:28**

El caso de la hermana Dionisia es causa de admiración, cuando el enemigo de las almas pensó detener la obra de la hermana Dionisia, confinándola a su casa para cuidar de su esposo, pensando que ella no podría hacer nada para impactar la vida de otros bajo estas condiciones, Dios, en su infinita sabiduría, permitió esta tragedia, sabiendo que la hermana Dionisia ya estaba entrada en años y como ella acostumbraba salir sola, le tomaría muchos años alcanzar a su barrio y tal vez muchas de esas personas nunca hubieran podido recibir la palabra de Dios.

La hermana Dionisia se pudo haber desanimado, pero en medio de la adversidad, demostró su verdadera cristiandad. Porque es en medio de la adversidad que el cristiano se da a conocer. Y en medio de todo, Dios estaba constantemente a su lado; dándole fuerzas para luchar y vivir cada día, manteniendo su buen estado de humor y siempre sonriente.

Recuerdo que Edgardo, Alberto, Santiago y algunos otros muchachos, después de salir de la casa de esta hermana, iban a tocar puertas en algunos vecindarios donde muchos hermanos de la iglesia no se atrevían ir. Como ya les he dicho, Edgardo apenas tenía diez años de edad.

Gracias a que ese niño se dejó usar por Dios para alcanzar a sus vecinos, hoy, cientos de personas en esa zona han podido escuchar las verdades bíblicas y muchos han entregado sus vidas a Dios. Hoy, la Iglesia Central de Aguadilla, debe una gran cantidad de sus miembros al trabajo de una anciana y un grupo de niños. Ya sea por su trabajo directo o indirecto.

Uno de los peligros a los que los misioneros se exponen es a los perros bravos que abundan en la isla. Recuerdo una ocasión en la que la hermana Dionisia nos enseñó cómo enfrentar a los perros bravos. Ella nos dijo, que cuando ella era niña alguien le había enseñado a mirar al perro fijo a los ojos y en voz fuerte decirle: Detente animal feroz, pon tu hocico en el suelo, que primero existió Dios, antes que ustedes nacieran. En ese momento no pensé mucho al respecto. Pero unas semanas más tarde tuvimos la oportunidad de poner esto en práctica.

Salimos a la obra Edgardo, otros dos muchachos y yo. Mientras nos ocupábamos de repartir algunas revistas en la parte alta de la Cuesta Vieja, pasamos por una casa la cual tiene una muralla alta y un portón que siempre estaba cerrado.

Miramos, el portón estaba abierto de par en par, no vimos los perros guardianes que solían patrullar la propiedad. Así que todos accedimos y entramos. El portón de esta propiedad está a unos cincuenta metros de la casa.

Cuando íbamos a mitad de camino, nos salieron al encuentro los cuatro perros guardianes. Inmediatamente tomé cargo del asunto y le ordené a los otros: Nadie corra. Manos abajo. Mírenle a los ojos sin pestañar. Los perros comenzaron a rodearnos, mostrándonos sus dientes y gruñendo. En mi mente comencé a elevar una oración a Dios. Pero tan pronto como mi pensamiento se elevó al cielo, recordé que la hermana Dionisia nos había enseñado a enfrentar este tipo de situación. Así que instruí a mis compañeros...

Espalda con espalda, cada uno mirando a un perro. Entonces pregunté a Edgardo: Eggie, ¿Cómo va esa oración que nos enseñó mami Dioni? Edgardo comenzó a recitar: Detente animal feroz, pon tu hocico en el suelo, que primero existió Dios, antes que ustedes nacieran. Todos comenzamos a repetir esto por turno. Edgardo me pregunta, ¿Qué hacemos? ¿Salimos o seguimos? Viendo que los perros no avanzaban, sino que cada vez que le ordenábamos, ellos bajaban la cabeza le dije: "Vinimos a hacer la obra de Dios, así que sigamos." Y lentamente, paso a paso nos acercamos a la casa.

Tocamos a la puerta y la dueña salió muy sorprendida de vernos. Después de introducirnos y explicar nuestro propósito, la señora nos pregunta: Y ¿Qué pasó con mis perros? ¿Qué le hicieron? Yo le dije, nada. Aquí están y nos separamos para que la señora pudiera ver los perros a unos cinco metros detrás de nosotros, sentados como en espera.

La señora dio una orden y los perros al unísono se levantaron y se retiraron a la parte trasera de la casa. Ella nos dice, ¿Ustedes saben que esos perros están entrenados y ellos no dejan entrar a nadie sin permiso nuestro? Les pudieron haber atacado. Yo pensé, nosotros venimos en nombre del Dios que hizo a sus perros. Solo sonreímos y la invitamos a estudiar la biblia. Nos dijo que en el momento no estaba interesada, pero nos aceptó la copia de "El Centinela" que le regalamos gustosamente.

¿Qué será de la vida de esa señora? Nunca supe. Alguien me dijo alguna vez que ella había aceptado entregar su vida a Dios, pero no lo he podido confirmar. Por lo menos me queda la satisfacción de saber que cuando niños sembramos la semilla. Dios se ocupará en hacerla germinar a su debido tiempo.

¿Cómo esos perros fueron detenidos para no atacarnos? No creo que haya sido que cuatro niños les inspiraron miedo. Sino que por el poder de Dios estos fueron controlados para impresionar a su dueña. Cuando Dios llama a una persona a cumplir con un propósito, no solo le capacitará para hacerlo, sino que también proveerá de medios y le protegerá hasta que haya cumplido su misión.

Aún si voy por valles tenebrosos, no temo peligro alguno porque tú estás a mi lado...
Salmos 23:4

Como José
Lejos de Casa
Firme Ante la Tentación

En el camino del cristiano hay muchos obstáculos que hay que sobrepasar. Tenemos un enemigo el cual tiene un arsenal de diferentes tipos de armas, las cuales llamamos tentaciones. Él tiene tentaciones para todos los gustos, colores y sabores. Este enemigo es muy astuto y solo utiliza las armas que él cree le pueden dar la victoria sobre los hijos de Dios. Para algunos, la tentación podrá ser el alcohol, para otros el cigarrillo, la pornografía, el sexo, el robar, etc. Hay diferentes tentaciones, pero las hay para todos.

A los catorce años de edad, comencé la secundaria en la Escuela Superior, José de Diego de Aguadilla. Como suele suceder con muchos de nuestros jóvenes, poco a poco me fui alejando de las cosas sagradas y comencé a participar más de las cosas del mundo. Gracias doy a Dios por haberme escogido a muy temprana edad. Porque aunque yo participaba de muchas actividades que son motivo de preocupación, aun cuando estaba participando de cosas que no convienen, algunos de los principios que aprendí cuando niño me sirvieron de guía.

Por ejemplo, cuando estaba en el décimo grado, desarrollé un interés por la aviación. En mi escuela enseñaban un curso de aviación el cual llamaban "Aeronáutica". Pero, esa clase estaba disponible solo para los miembros del cuerpo de cadetes de la Patrulla Aérea Civil al que pertenecían algunos de mis amigos. Así que para poder tomar la clase, ingresé a la patrulla. Aunque me gustaba mucho la patrulla y me divertía muchísimo, cada reunión para mí era una tortura a mi conciencia. Las reuniones regulares eran los sábados y yo sabía que el sábado era para Dios y no para mí. Así que, al terminar el semestre, habiendo terminado con la clase de Aeronáutica, me retiré de la patrulla.

Para este entonces, me había enamorado de una muchacha cuyo nombre no voy a mencionar. Esta muchacha era vecina de mi hermana y a menudo nos veíamos ya que ella cuidaba a mi sobrinita cuando mi hermana tenía que salir al médico, al mercado, a alguna visita corta, etc.

La mamá de esta muchacha era espiritista. Siendo que la mamá era espiritista, a veces me comentaba de lo que habían visto o escuchado en algunas de sus reuniones. En una ocasión me reveló que en sus reuniones utilizaban la biblia y que "el espíritu del escritor" venía a explicar lo que se había leído.

Yo aproveché, siendo que ella había mencionado la biblia, para explicarle lo que la biblia dice acerca del estado de los muertos. No solo eso, sino que también le platiqué lo que Dios dice acerca de los espiritistas en la biblia. Ella quedó sorprendida y me dijo: "Eso nunca me lo habían enseñado" Hoy, esta señora, su padre quien era un "médium" su hermana y otros miembros de su familia, se han alejado del espiritismo y sirven al Dios verdadero.

Cuando yo tenía dieciséis años de edad comencé a estudiar programación de computadoras en un colegio en la ciudad de Mayagüez.

Mientras estudiaba en este colegio, conocí a muchos jóvenes que luego llegaron a ser mis amigos. Entre estos, estaba una joven de diecinueve años, cuyo nombre he de suprimir, por razones obvias.

Esta joven era alta; tal vez una pulgada o dos más alta que yo. Su aspecto físico era muy deseable, tenía una sonrisa que daba gusto ver. Su tez era como canela. Su cuerpo estaba muy bien formado y tenía una figura muy femenina. Su cabello negro y largo. Su cintura y caderas bien marcadas. En fin, para un joven de dieciséis años, sufriendo de un desbalance hormonal, esta mujer era muy deseable.

Ella, por razones que nunca he de saber, también se sentía atraída a mí. Pero, siendo que ambos teníamos compromisos muy serios, nunca nos expresamos esos sentimientos. Hasta que en una ocasión, salimos en grupo a la hora del almuerzo a comer a un restaurante que estaba a varios bloques del colegio.

Durante el almuerzo, noté que esta no me quitaba los ojos de encima. Cada vez que yo miraba a su lugar, esta me miraba y me sonreía en una forma muy seductora.

Cuando salíamos del restaurante, esta me bloqueó el paso y me dijo: ¿Qué pasa? ¿Tú eres homosexual? Claro que no. Le dije. Ella continuó su interrogatorio, ¿Y entonces? ¿No me encuentras atractiva? ¿No te gusto?

¿Que si no me gustaba? Ay, ay, ay. El enemigo de las almas me estaba dando duro. En mi mente dije: "Ayúdame Dios mío que la carne es débil." Armado de valor le respondí. Al contrario. Quiero que sepas que eres la mujer más bella que yo he conocido en mi vida. Te encuentro súper atractiva.
Ella pregunta: ¿Y cuál es el problema? ¿No entiendes que te me estoy ofreciendo? Mira, le dije; entre tú y yo nunca podrá haber nada más que una amistad.

¿Pero si tú me gustas y yo te gusto, cual es el problema? Me preguntó. Traté de hacerla comprender el error que cometía: Entre tú y yo se interponen tres cosas: Tu marido, a quien le debo respeto como hombre. Mi novia, a quien amo y no voy a engañar. Y por último, el más importante, Dios, a quien no quiero ofender.

Inmediatamente, acercándose más y en un tono de voz muy sensual, me preguntó: Entonces… ¿no hay manera de que te haga cambiar de parecer? De ninguna manera. Le dije. Y salí dejándola con la palabra en la boca.

Nunca más volvimos a hablar del asunto. Luego le di gracias a Dios por haberme librado de tal tentación.

> **Usted no ha sufrido ninguna tentación que no sea común al género humano. Pero Dios es fiel, y no permitirá que ustedes sean tentados más allá de lo que puedan aguantar. Más bien, cuando llegue la tentación, él les dará también una salida a fin de que puedan resistir.**
>
> **1 Corintios 10:13**

Honor a Quien Honor Merece

Honra a tu padre y a tu madre, para que tus días se alarguen en la tierra que Jehová tu Dios te da.   Éxodo 20: 12

Gran parte de mi carácter fue formado por la influencia de mis padres. Mi madre fue una mujer industriosa y llena de sabiduría. A pesar de solo tener una educación de primer grado, aprendió a cocer, cocinar diversos platos muy ricos. Planchaba mejor que un planchador profesional y era la enfermera de todo el barrio. Sus hijos tal vez, no vestían la última moda pero, siempre limpios y bien planchados.

Mi padre fue un hombre íntegro, el cual tenía una sola palabra. Ambos personificaron para sus hijos el don del servicio a la comunidad. Ambos provinieron de hogares pobres y comenzaron a trabajar cuando apenas eran niños para ayudar a sustentar a sus familias.

Mi padre quedó huérfano de padre a los tres años y de madre a los cinco. Mi madre nunca conoció a su padre y mi abuela trabajaba para darle de comer a ella y a sus hermanos pero, eran tantos, que no era suficiente. Así que, a los 10 años de edad, mi madre trabajó como doméstica para varias familias para ayudar a suplementar el presupuesto familiar.

Fue una de estas familias la que mayor impacto tuvo en la vida de mi madre. Siempre que ella hablaba de ellos lo hacía con respeto y un aire de nostalgia. Estoy hablando de la Familia de Dr. Suarez (El viejo). De hecho, el Dr. Suarez (hijo) llegó a ser el médico predilecto de nuestra familia.

Mi madre, en una ocasión, refiriéndose a él me dijo: "ese muchacho yo lo quiero como a un hermano" y comenzó a revelarme cómo su familia la había ayudado en su juventud. Pero, eso es otra historia.

Una cosa sí quiero recalcar en este relato, y es que mi madre al nacer se llamaba Febe pero, a la esposa del Dr. Suárez (El viejo) no le gustaba el nombre y la comenzó a llamar Josefa. A mi madre le gustó y desde entonces comenzó a darlo como su nombre. Pero no fue hasta que yo tenía unos siete u ocho años que ella se lo cambió legalmente.

Como les dijera anteriormente, mi madre apenas tuvo una educación de primer grado, pero siempre estuvo agradecida de la Sra. Suarez quien sin tener la obligación, se tomó el tiempo para enseñarle el abecedario, los números y la aritmética. También le enseñó modales que ella inculcó a cada uno de sus hijos; cosas simples, como decir gracias y por favor. Ceder la silla a un anciano o llegar a un lugar y decir buenos días, sí señor, no señor, etc.

Mi padre, también tuvo que trabajar a muy temprana edad. Al quedar huérfano, él y sus hermanos fueron separados y amparados por diferentes tíos.

A sus hermanos mayores, Nicolás y Ramón se los llevaron a los Estados Unidos y nunca más los volvió a ver. Su hermana María Luisa se fue a vivir con la tía Canda y mi padre con su tío Nicolás y la tía Beatriz.

El tío Nicolás era un hombre severo y muy fuerte con mi padre, por lo que él prefería irse a trabajar en lo que pudiera con tal de no depender de su tío.

Así es que a los 10 años de edad comenzó a trabajar en muchos distintos trabajos para ganarse unos pocos centavos para comprarse sus gustos.

Lo que me contó mi tía María Luisa es que su hermano (mi padre) a los 10 años trabajaba toda una semana para comprarle a ella un vestido, una semana trabajaba para sí y a la siguiente semana le compraba a ella unos zapatos y algunos adornos para el cabello. Así es que ella cada semana iba a la iglesia vestida como una princesa. Cada dos semanas él la visitaba y le traía un regalo y esa costumbre la mantuvo hasta que ambos llegaron a la vejez.

Mi padre siempre nos decía que el trabajo es honra. Él trabajó, entre otras cosas, como limpia botas, aguador, despachador, pescador, albañil y carpintero. Mientras tanto regresó a la escuela y estudió hasta el octavo grado. Al terminar su octavo grado, comenzó a trabajar como mecánico y terminó su educación secundaria, siendo bilingüe. Terminó su carrera de mecánico con una Maestría en Mecánica automotriz.

Todo esto lo logró mientras proveía para su familia y algunas de las otras familias del barrio. Porque aunque éramos pobres, en mi casa no se le negaba la comida a nadie.

Mi madre cocinaba para sus hijos y todo el que estuviera en la casa a la hora de comer. Fuere adulto o niño, si estaba en mi casa a la hora de la cena, era bienvenido a comer con nosotros. Y esto era inevitable, casi todos los días, a la hora de comer llegaba algún amigo o vecino y encontraba algo de comer.

¿Cómo era esto posible? La única explicación es que verdaderamente, Dios cumple sus promesas.

El que es generoso será bendecido, pues comparte su comida con los pobres.   Proverbios 22:9

En una ocasión, mientras mi padre y yo comíamos el almuerzo, en el taller de su primo Germán, él me dijo: "Los hijos tienen que ser mejores que sus padres. Los errores que tú me veas cometer, trata de no repetirlos".

Mi madre, aunque no tuvo educación formal, procuraba aprender todo lo que le pudiera servir en la vida y así enseñó a sus hijos.

Al morir mi madre, se fue sin cumplir uno de sus sueños. Ella y yo habíamos acordado que en el mes de junio, yo iba ir a Puerto Rico y ella y yo íbamos a sentarnos a escribir su libro de remedios caseros.

Mi madre tenía un conocimiento amplio de plantas medicinales. Conocimiento que había adquirido a través de muchos años, de diversas fuentes y con el cual había ayudado no solo a su familia sino a mucha otra gente. Lamentablemente, ese mismo año en el mes de mayo ella falleció y con ella todo su conocimiento.

Ella también tenía un repertorio de dichos y proverbios que salín en el momento apropiado y en cada una de sus conversaciones.

Algunos dichos eran de conocimiento popular y otros no tan conocidos. He aquí algunos de mis favoritos. A menudo me encuentro repitiendo la mayoría de estos...

A caballo regalado no se le mira el colmillo.
A cada puerco le llega su noche buena.
Agua que no has de beber, déjala correr.
Ahora los pájaros le tiran a las escopetas.
Al que a buen árbol se arrima, buena sombra lo acobija.
Al que no le gusta el caldo, le dan tres tazas.

Amigo es alguien por el que tú darías tu vida y el haría lo mismo por ti.
Amigo es ratón del queso.
Amigo es un peso en la cartera.
Aprende a nadar y guardar tu ropa.
Árbol que crece torcido, jamás su tronco endereza.
Cría cuervos y te sacarán los ojos.
Cuando el río suena es porque piedras trae.
Cuentas claras conservan amistades.
De tal palo, tal astilla.
Desde que inventaron las excusas, todo el mundo salen bien.
Dime con quién andas y te diré quién eres.
Donde manda capitán, no manda marinero.
El amor entra por la cocina.
El camarón que se duerme se lo lleva la corriente.
El hombre propone pero Dios Dispone.
El que anda con lobos aprende a aullar.
El que duerme con infante; amanece sucio.
El que madruga, Dios lo ayuda.
El que mucho abarca, poco aprieta.
El que no coge consejos, no llega a viejo.
El que no tiene hecha, no tiene sospecha.
El que no tiene padrino, no se bautiza.
El que se mete en asuntos de matrimonio; sale golpeado.
El que tiene tienda que la atienda.
El que vive en casa de vidrio que no tire piedras.
El trabajo es honra.
El vago trabaja doble.
El viajero se conoce por su maleta.
En boca cerrada no entran moscas.
En guerra avisada no muere gente.
Hay que llamar al pan, pan y al vino, vino.
Haz bien y no mires a quién.
Hijo eres; padre serás.
Más sabe el diablo por viejo que por diablo.

Más vale pájaro en mano, que ciento volando.
Mejor es estar solo que mal acompañado.
Mejor es demonio conocido que angelito por conocer.
Menos perros, menos pulgas.
Muchos jefes y pocos indios.
Nadie nació enseñado.
Nadie sabe el bien que tiene, hasta que lo pierde.
Nadie sabe lo que está en la olla, más que el que la menea.
No dejes para mañana, lo que puedas hacer hoy.
No hay mal que por bien no venga.
No hay mal que dure 100 años, ni cuerpo que lo resista.
No todo lo que brilla es oro.
No por mucho madrugar, amanece más temprano.
Nunca digas; de esa agua no beberé.
Nunca es tarde, cuando la dicha es buena.
Santo que no lo quiere a uno, con no rezarle basta.
Si tiene coraje; compre un burro y dé un viaje.
Tanto cae la gota en la piedra, hasta que hace un hoyo.
Tanto nadar, para morir en la orilla.
Tira la piedra y esconde la mano.

Como Jonás
Huyendo de Dios
y el Pasado

Si usted está pensando que soy algún tipo de superhombre quiero que sepa que no lo soy. Al contrario, soy un hombre común, sujeto a las mismas tentaciones y pasiones que los demás.

Lo que me trae a este capítulo, donde usted podrá ver claramente que cuando el hombre se aleja de Dios, lo único que le espera es la degradación física y moral; dolor y sufrimiento sin esperanza. Los triunfos del pasado, nunca podrán garantizarnos las victorias del mañana, a menos que nuestra confianza esté puesta en Dios.

Si tratamos de vivir por nuestras propias fuerzas, lo único que podremos hacer, es destruir todo lo bello en nuestras vidas y las vidas de los que nos rodean.

Pero la lección más importante que aprendí de este período obscuro de mi vida, es que no importa dónde me encuentre, Dios nunca me abandona. Su Santo Espíritu está siempre cerca de sus hijos, listo a socorrer y guiar.

Una vez le entregamos nuestra vida a Dios, le pertenecemos y Él hará todo lo posible por mantenernos en el camino recto. Su voz se dejará escuchar, en los momentos menos esperados.

Ya para cuando tenía diecisiete años estaba totalmente fuera de la iglesia. No digo alejado de Dios, porque aunque yo procuraba darle la espalda, Él nunca me abandonó. Como Jonás trató de alejarse de Dios y no pudo yo tampoco pude alejarme de Él.

> **¿A dónde podría alejarme de tu Espíritu? ¿A dónde podría huir de tu presencia? Si subiera al cielo, allí estás tú; si tendiera mi lecho en el fondo del abismo, también estás allí. Si me elevara sobre las alas del**

> alba, o me estableciera en los extremos del mar, aun allí tu mano me guiará, ¡me sostendría tu mano derecha! Y si dijera: "Que me oculten las tinieblas; que la luz se haga noche en torno mío", ni las tinieblas serían oscuras para ti...
> Salmos 139:7-11

Mientras yo más trataba de apagar la voz de su Espíritu Santo, más sentía su influencia. Aunque me estaba revelando en contra de algunas de las enseñanzas de la iglesia, mi deseo era de no ofender a Dios. Así es que comenzó un período de mi vida del cual no me siento orgulloso, pero demuestra cuán amoroso y paciente es Dios con nosotros. Estoy muy agradecido con Dios por ayudarme a salir del abismo al cual fui sumido.

Terminando la escuela secundaria, me di cuenta que mis opciones eran muy limitadas. Mi hermana Elsa estaba estudiando en la Universidad de Puerto Rico en Rio Piedras y mis padres no podrían pagar mis estudios. Mi promedio no era lo suficientemente bueno para recibir una beca y había decidido casarme.

¿Cómo le iba a proponer matrimonio a mi novia sin trabajo? Así que, tomé la decisión de ingresar el ejército de Estados Unidos. Muchos otros jóvenes en mi vecindario lo habían hecho y aparentemente les iba muy bien.

Tan pronto enlisté, le propuse matrimonio a mi novia, la cual aceptó con la condición de que le permitiera terminar la secundaria, ya que a ella todavía le quedaban dos años para terminar. Pedí su mano en matrimonio a su madre, esta aceptó rápidamente, siendo que ella me conocía muy bien y me dijo que muy pronto su esposo regresaba de los Estados Unidos, donde el residía, y yo tendría que hablar con él.

Cuando su padre llegó de los Estados Unidos, mi novia me avisó y fui a platicar con él. Hice el pedido de su bendición para casarme con su hija y después de explicarle que ingresaba al ejército aceptó. Quedamos en que yo me iría por seis meses y luego regresaría con el anillo de compromiso y tan pronto ella terminase la secundaria nos casaríamos. Llegado el día de ingresar al ejército, me despedí de mi familia en mi casa y mi novia me acompañó a la oficina de reclutamiento. Nos prometimos fidelidad mutua y nos despedimos.

Al llegar al entrenamiento básico decidí que la religión no era para mí. Seguía manteniendo mi creencia en El Creador pero, no quería saber de religión. Cuando llegaron los oficiales de la oficina de capellanía, nos separaron por preferencia religiosa. Noté que en mi compañía había algunos profesos adventistas y por un momento tuve el deseo de unirme a ese grupo. Inmediatamente desistí de la idea y me uní al grupo que tenía mayor número.

Luego me di cuenta que era el grupo católico. Ahí estaba yo, en persona pero, mi mente estaba en otro lugar. Me sentí avergonzado de mí mismo. Conociendo la verdad y negándola con mis hechos. Traté de ignorar mis pensamientos pero me costó trabajo hacerlo.

No tengo ni la menor idea que dijo el capellán, pues no estaba prestando atención. Por fin el capellán terminó de hablar y eso con migo estaba perfecto, siendo que yo había venido a recibir entrenamiento militar, no a hacer contacto religioso.

Durante mi entrenamiento, mantuve contacto con mi familia, mi novia y varios de mis amigos. Varios de estos amigos me enviaron a decir en sus cartas que habían visto a mi novia en las fiestas patronales con un ex-novio. Eso para mí fue un insulto como hombre.

Mi novia estaba en las fiestas en presencia de todo el pueblo. Antes de partir yo le había pedido a mi novia como evidencia de que podría confiar en ella, que ella no participaría de las fiestas patronales. Pero ahí estaba, en pleno pueblo bailando con su ex-novio, mientras yo estaba en Kentucky aguantando frío para completar mi entrenamiento y regresar a Puerto Rico a traer su anillo de compromiso. Me pregunté: Si en tan poco tiempo esa mujer no me había podido respetar, ¿Qué podré esperar de ella, si el ejército me envía a algún lugar remoto por largo tiempo? Así que decidí terminar con la relación.

Esto para mí fue muy doloroso. Comencé a tratar de buscar una salida para no pensar en ella. En las tardes, después del entrenamiento y de haber preparado todo para el próximo día, me iba con mis compañeros al cine.

Terminado el entrenamiento básico, en vez de regresar a Puerto Rico, me fui para Boston y New York. En Boston comencé a tomar cerveza con mi cuñado. Pero cada cerveza que me tomaba iba acompañada de un grito de conciencia que me decía que no debía hacerlo. Yo le argumentaba que una cerveza no me haría daño y así procuraba acallar mi conciencia.

En New York me hospedé con uno de mis mi hermanos y siendo que era temporada de navidad, nos la pasamos de fiesta en fiesta y tomado todas las noches. Otra vez, cada cerveza o trago que me tomaba iba acompañado, de un grito de conciencia que me decía que no debía hacerlo, que yo sabía el daño que el alcohol causaba. Pero yo, siempre terco, le argumentaba que una cerveza no me haría daño y continuaba con mi mal proceder.

Terminadas mis vacaciones, me fui a Indiana donde recibiría mi entrenamiento avanzado. En Indiana viví perdidamente. Cada vez me sumía más en el abismo, pero yo no me daba cuenta. Todas las noches, después de la cena, mis compañeros y yo nos íbamos a bailar y a tomar. Yo no sé cuánto desperdicié en estos vicios, lo que sí sé, es que para cuando llegué a Georgia, el 13 de febrero del 1983, seis meses después de haber salido de mi hogar, no tenía ni un centavo a mi nombre.

De hecho, el mismo día que llegué a Georgia, tuve que pedir prestado a mi compañero de habitación, Rey Taylor, quien me prestó quince dólares para poder comer en lo que me pagaban mi salario de medio mes, dos días después.

Así comenzó mi carrera militar. De fiesta en fiesta. Viviendo sin cuidado. Probando toda clase de vicios. Saliendo con toda clase de mujeres. No le negué a mis ojos nada. Mi paladar probó todo tipo de licor, vino y cerveza y hasta probé el cigarrillo y la marihuana.

Todo esto, procurando borrar mi pasado. Tratando de olvidar a la mujer que tan descuidadamente se había burlado de mi confianza. Pero una cosa nunca pude olvidar. Que existe un Dios, que todo lo ve y todo lo sabe. Cada vez que hacía algo indebido, yo sentía su llamado a no actuar en forma tal. Pero en mi necedad, procuraba no escucharle y en muchas ocasiones le argumentaba que un poquito de esto o aquello no me haría daño.

Muchos dicen que cuando le damos la espalda a Dios y participamos de ciertas actividades, Él nos abandona. ¡Mentira! Cuando estás en esa condición es cuando más le necesitas. En mi caso yo estaba perdido, no porque Dios me había rechazado, sino porque yo le rechazaba a Él. Pero Él, muy amante y paciente, seguía luchando por hacerme comprender que Él estaba a mi lado, y que Él no me había abandonado.

Si es cierto que Él no estaba orgulloso de mis hechos, El comprendía mi situación y estaba deseoso de dar paz a mi alma dolida. Pero yo tenía que pedírselo. Nuestro Dios comprende nuestro dolor, nunca nos abandona, aun cuando todos los que nos rodean nos dan la espalda, Nuestro Dios, siempre está a nuestro lado: Acompañando, convenciendo, enseñando, instruyendo, rogando y sobre todo, amándonos.

Como El Hijo Pródigo
El Regreso a Casa

> **Pues estoy convencido de que ni la muerte ni la vida, ni los ángeles ni los demonios, ni lo presente ni lo porvenir, ni los poderes, ni lo alto ni lo profundo, ni cosa alguna en toda la creación, podrá apartarnos del amor que Dios nos ha manifestado...** **Romanos 8:38-39**

Dios es muy paciente. A pesar de nuestra terquedad El espera hasta el momento preciso para mostrarnos cuán grande es su amor por nosotros. En mi caso, el esperó y esperó.

Es mi deseo, mi amigo lector, que Él nunca tenga que esperar por ti. Si te encuentras en una situación similar a la que yo viví, no esperes más. Entrégate a Él y El hará algo muy bello con tu vida. Si nunca te has alejado de Dios, sigue adelante. El mundo ofrece muchas cosas pero solo Dios te puede dar la verdadera felicidad. Te lo digo porque lo he vivido. Dios tiene buenos planes para ti, si tú se lo permites. Él puede hacer grandes cosas por ti.

Una de las cosas que Dios hizo por mí, fue encaminarme por el camino que Él había preparado para mí. En mi camino puso a la que llegaría a ser mi esposa. La que llegaría a ser el amor de mi vida y por medio de la cual El me mostraría el camino a seguir antes que fuera muy tarde. De no haber conocido a mi amada Emilcen, no sé qué sería de mi vida.

Después de haber sufrido la decepción de mi prometida, determiné nunca más confiar en nadie. Así, nadie tendría la oportunidad de jugar con mis sentimientos de esa manera. Comencé a salir con varias mujeres pero sin permitir que la relación pasara más allá de lo casual. Hasta que al pasar varios meses, me di cuenta que esto solo iba a terminar en desastre.

Una noche, se estaba celebrando una fiesta en el dormitorio donde yo vivía. Un compañero había invitado a varias amigas y entre ellas estaba una joven con la que la conversación comenzó a tornar muy interesante. Como ya se había vuelto costumbre, yo estaba tomando cerveza y mis inhibiciones ya habían desaparecido. Invité a esta joven a mi habitación. Estábamos solos, y mis intenciones no eran muy caballerosas.

En la soledad de mi habitación y con la música romántica, la situación ya iba en la dirección incorrecta. De pronto, un pensamiento me vino a la mente: "Pregúntale su edad." Y sin pensarlo dos veces, le pregunté su edad. Cuando me dijo que tenía solo dieciséis años de edad, quedé sobrio.

Aunque en el estado de Georgia, a una joven de tal edad se le consideraba lo suficientemente capacitada como para tener relaciones sexuales, en mi forma de pensar, ella era solo una niña. Así que, le ordené arreglar su vestimenta y regresamos a la fiesta. Al siguiente día amonesté a mis compañeros por traer niñas a una fiesta donde los invitados eran soldados solteros.

Tenía muchos compañeros con los que acostumbraba salir a bailes, barras, fiestas y clubes nocturnos. Aun así, vivía en soledad. Lejos de la familia, los amigos de mi niñez, sin novia y solo contactos casuales con el sexo opuesto, ya me sentía solo. Poco a poco la soledad se hacía sentir más fuerte.

Una vez, mientras visitaba a un compañero llamado Fernando, le conté cómo me sentía. Ya yo estaba cansado de salir con tantas mujeres sin establecer una relación seria con ninguna. Le dije que lo que yo necesitaba era una esposa. Inmediatamente me dijo: "Yo tengo lo que tú necesitas" Te voy a presentar a Emily (Así le decían a Emilcen). Me dijo: Ella es exactamente lo que tú necesitas. Yo he conocido muchas mujeres para gozar, pero esta es material para esposa. Interesado le pregunté: Si es tan buena candidata para esposa, ¿Cómo es que no la quieres para ti? Yo no tengo intenciones de casarme pronto. A mí me gusta la vida de soltero. Es una buena muchacha, ya lo verás.

Tomó el teléfono y en unos momentos me lo pasó y por primera vez escuché su melodiosa voz. Platicamos solo por un momento y nos despedimos. Yo no acostumbro hablar mucho por teléfono. Me parece una forma impersonal de comunicación. Prefiero platicar cara a cara. Al terminar la conversación, Fernando me pregunta: ¿Qué te pareció? Le contesté: Suena bien. ¿Cuándo me la presentas? Pronto. Me dijo. Y hasta ahí dejamos el asunto.

Esa misma noche, en la ciudad de Atlanta, se estaba celebrando un baile y nos fuimos a bailar. También nos acompañó mi amigo David Polanco. Al rato de haber llegado, Fernando estaba bailando, David y yo estábamos sentados observando la escena y buscando con la vista una pareja para lanzarnos a la pista también. De momento, veo que en nuestra dirección se acercaba una joven hermosa, de cabello negro y lacio que le llegaba un poco más abajo de sus hombros. Con unas mejillas que daban deseos de acariciar. Un cuerpo bien formado. Usaba unos pantalones de lona pegados a su cuerpo que enfatizaban sus grandes caderas. Pensé, esas son caderas para llevar hijos.

Le pegué con el codo a David para llamar su atención y le dije: Mira esa mami que viene por ahí, y mira esas caderas. Con esa es que yo quiero bailar. David me contestó: Ve y pregúntale. Pero a mí me parecía imposible pensar, que tal belleza estuviera en dicho lugar sin un compañero. Así que le dije: Déjame ver a dónde va. Ella seguía avanzando en nuestra dirección. Mis ojos estaban fijos en ella, el mundo alrededor desapareció. Yo disfruté ver cada paso, cada movimiento. Era como una película que se proyecta a paso lento. Mientras ella se acercaba, mi corazón comenzó a latir fuertemente en anticipación. Ahora estaba a unos tres o cuatro pasos de nuestra mesa y seguía avanzando. Busqué su rostro y noté su hermosa sonrisa. Le miré a los ojos y me perdí en su mirada. Me había conquistado para siempre. Un paso más, ella me apuntó con el dedo y me dijo: ¡Usted es Roberto!

Por un momento quedé atónito. Por mi mente pasaron muchas preguntas. ¿Quién es esta muchacha? ¿Cómo es que sabe mi nombre? Recordé que al hablar por teléfono con la amiga de Fernando, yo le había dado mi descripción. Pero Fernando me había dicho que ella no vendría a esta fiesta. Tiene que ser Emily, es la única mujer con la que he hablado recientemente pero no nos conocemos cara a cara. ¿Emily? Le pregunté. Encantada....

Platicamos un rato. Me dijo que estaba allí con su hermana y unas amigas. Me llevó a conocerlas. Bailamos un par de canciones. No queriendo abusar de mi bienvenida, me despedí del grupo y regresé a mi mesa. Emily me pareció perfecta, pero el miedo a ser rechazado o herido nuevamente me paralizó.

Decidí que sería mejor tomar las cosas con calma, establecer primero una amistad y más tarde ver lo que sucedía. Por el momento, solo quería divertirme. A fin de cuentas, el hecho de que Emily me hubiera gustado a mí, no significaría que ella se sentía igual respecto a mí. Y yo tenía entendido, que ella tenía una relación amorosa. Así que comencé a buscar otra muchacha.

Pronto encontré otra muchacha con la que pasé un buen rato en la fiesta. Mientras bailábamos un bolero, le pedí su número de teléfono y accedió a dármelo. En ese preciso momento, Emily, pasaba por nuestro lado, se vuelve a mí y me dice: "No se olvide llevarse mi número de teléfono." La muchacha con la que bailaba, inmediatamente se separó muy enojada y me dijo que yo estaba allí solo para coleccionar mujeres, que ella no iba a ser una más en mi colección y me dejó solo en la pista de baile.

Enojado me volví y fui tras Emilcen. Le pregunté ¿por qué había hecho eso? Ella muy sorprendida no supo que decir. ¿De qué me hablas? Me preguntó. Yo le acababa de pedir su número a esa muchacha y me lo iba a dar hasta que tú nos interrumpiste para decirme que no me olvidara de llevarme tu número. Ahora no me quiere ni hablar. Ella respondió: Discúlpame, no pensé que estuviera haciendo algo indebido. Apenas somos amigos. ¿Quieres que hable con ella? Yo le puedo explicar. Rápidamente le contesté: No. Está bien. Ya pasó. Es muy tarde. Pero si yo estoy con otra mujer, hazme el favor de no interrumpir.

Y me fui de su lado. El resto de la noche la pasé bailando con todas las que estuvieren disponibles y después de haberme disculpado por la forma tan áspera como le había hablado, bailé con Emilcen varias veces. Así comenzó nuestra amistad.

Esa noche, cuando Emilcen y sus acompañantes partían, yo la detuve antes que saliera del lugar. Le recordé que no me había dado su número. Me lo dio y al despedirme toqué su cabellera y sentí como una corriente que corrió por todo mi cuerpo. Mi amigo David me dijo que ere la estática, pero habiendo sentido golpes de estática en muchas ocasiones, yo sabía que eso no fue. No solo eso pero, sentí un deseo sobrenatural de besar sus carnosos labios. Pero siendo que apenas comenzábamos a conocernos desistí de la idea.

Los siguientes días fueron muy interesantes. Emilcen y yo platicábamos por teléfono, todos los días. Su relación amorosa terminó quebrantando su corazón y yo estaba ahí listo a recoger los pedazos. Pasadas las semanas me invitó a cenar a casa de su hermana. Aquí pasé mi primera vergüenza en su presencia.

El plato principal era lengua de vaca. Dos cosas que nunca he podido comer son lengua ni hígado. Cuando tomé mi primer bocado, mi rostro no pudo disfrazar el disgusto. Emilcen y su hermana no pudieron contenerse la risa.

Unos días después, descubrí que las diferencias del lenguaje nos iban a dar momentos muy interesantes. Por primera vez, salimos a comer solos. Yo la fui a buscar a su trabajo a la hora del almuerzo y fuimos a un restaurante a unos dos bloques de distancia.

Mientras nos preparábamos a comer ella me dice: Páseme un pitillo. En mi mente pensé: Esta colombianita... ¿cómo se atreve pedirme un pitillo en público? Enseguida le contesté: Yo lo siento mi amiga, pero yo no uso drogas.

Su rostro cambió y me preguntó: ¿Qué? ¿De qué está usted hablando? Rápidamente me di cuenta de mi ignorancia. Pero tenía que explicar a lo que me refería: Un pitillo, un cigarrillo de marihuana. Ella comenzó a reír, tomó un sorbeto entre sus dedos y me dijo: Esto es un pitillo. Ambos nos pudimos reír por buen rato. Cada vez que salimos, yo aprendí algo de las diferencias culturales entre nosotros.

Pasado el tiempo, nos casamos. Nuestra relación ha tenido sus altas y sus bajas como la mayoría de los matrimonios. Especialmente que ninguno de los dos buscábamos de Dios. Aunque Emilcen trajo mucho gozo a mi vida, yo continuaba marchando hacia el abismo.

El alcohol, ahora se había vuelto un hábito. Siempre que hacíamos el mercado no faltaba la cerveza y el vino. Casi todos los días tomaba alcohol, antes o después de la cena. Los fines de semana salíamos a algún parque o a visitar algunos amigos y familiares de mi esposa. El vino y la cerveza, siempre presente. Yo decía estar en control, pero en más de una ocasión, mi esposa tuvo que manejar, porque yo estaba embriagado. Definitivamente, el alcoholismo era mi destino, sino hubiera sido por la intervención de Dios.

En diciembre de 1985, fuimos a pasar unas vacaciones a Puerto Rico. Mientras le daba un recorrido a mi esposa por los lugares de mi niñez, pasamos caminando por el cementerio municipal de Aguadilla. Este cementerio queda al lado de la playa, en la intersección de la Cuesta Vieja y la Cuesta Nueva.

Cuando pasamos por el cementerio me di cuenta que mi esposa se persignó (hizo el símbolo de la cruz con su mano derecha, tocando su frente, su abdomen y sus hombros). Yo comencé a reír. Ella me pregunta con una sonrisa: ¿De qué te ríes? Yo le pregunté: Y ¿Tú, por qué haces eso? Por las ánimas. Fue su respuesta. Yo pregunté: ¿Qué ánimas? Y ella responde: ¿Por las almas de los muertos que están enterrados aquí. Y señaló al cementerio.

Muy seriamente le contesté: Ay mi amor. ¿Tú no sabes que los muertos están muertos y que no hay nada que tú puedas hacer por ellos ni ellos por ti? Su sonrisa desapareció, y dijo: ¿Cómo se te ocurre decir una cosa así? Tú sabes que yo todas las noches le rezo a mi abuelita y a mi hermano. Yo le contesté: Lamento decírtelo de esta manera, pero lo que haces es perder el tiempo. La biblia dice que tú no puedes hacer nada por tu hermano. Dice la biblia; "los vivos saben que han de morir más los muertos nada saben".

En un tono de angustia me pregunta: ¿Cómo va a ser eso posible? ¿Dónde dice eso? Mi respuesta: Está en la biblia. Ella me dice: Pues cuando lleguemos a la casa de tu mamá me lo vas a tener que mostrar. Está bien; le dije; cuando lleguemos to lo muestro.

El resto del camino, que duró como una media hora, ella no dijo mucho. Imagino que estaba tratando de digerir mis palabras. Para un católico es muy difícil aceptar esta gran verdad. Pero, la palabra de Dios es clara en este aspecto y aquellos que quieren conocer la verdad lo lograrán.

Al llegar a la casa, mi esposa me tomó de la mano y me dijo: Vamos, muéstrame dónde dice que los muertos no saben nada. Entramos a la habitación, nos sentamos en la cama. Yo tomé la biblia que estaba en la mesa al lado de la cama. Antes de abrirla le pedí a mi esposa que me acompañara a orar para pedir la dirección del Espíritu Santo.

Después de orar, busqué en la parte de atrás de la biblia, una serie de estudios y comencé por el estudio acerca del estado de los muertos. Después de terminar el estudio, mi esposa y yo oramos una vez más agradeciendo a Dios por la instrucción. Desde ese momento, mi esposa dejó de orar a los muertos.

Los días que siguieron fueron muy interesantes. Cada día mi esposa me preguntaba acerca de un punto diferente: El sábado, La Trinidad, la creación, los ídolos, etc. Cada día estudiamos el tema que a ella le inquietaba. Mientras yo estudiaba con ella, sentía una sensación de gozo y paz, que no había sentido en mucho tiempo. Al terminar mis vacaciones, habíamos cubierto la mayoría de las anclas de nuestra fe.

Al regresar a casa, decidimos buscar una iglesia para congregarnos, pero en la zona donde vivíamos, no encontramos ninguna. Pasaron los meses y la idea se me olvidó.

Un día soleado, del otoño de 1986, en el que la temperatura estaba agradable, me dio el deseo de recorrer las calles de la ciudad de Atlanta en mi auto. Mientras pasaba por la calle "Hill" vi un rótulo que decía, "Primera Iglesia Adventista del Séptimo Día" ¡En español! Tuve que leerlo dos veces, para asegurarme que no estaba alucinando.

Llegando a la casa, le conté a mi esposa que había encontrado la iglesia adventista, ahora podríamos resumir el estudio que habíamos comenzado un año antes. Mi esposa se alegró por mi interés, pero me dijo que mejor nos esperáramos hasta que llegáramos a Hawái. Porque en esos días nos estábamos hospedando en casa de su tía, siendo que yo había recibido un traslado para Hawái y nos mudamos con su tía para economizar algún dinero, antes de irnos a ese lugar donde todo cuesta mucho más.

Siendo que su tía era muy católica y mi esposa iba a quedar sola con ella, cuando yo partiera al siguiente mes, ella no quería ofender a su tía ni crear fricción en su relación. Está bien le dije. En Hawái buscaremos una iglesia.

Al siguiente mes partí para Hawái. Al llegar a Honolulu, comencé a parrandear con mis compañeros de trabajo. Lo pasábamos de un club nocturno a otro. Todo era bailes, fiestas, barras y borracheras. Cuando mi esposa estaba por llegar, me mudé del dormitorio de mi compañía al apartamento que sería nuestra residencia, durante nuestros tres años en Hawái.

Cuando instalaron nuestro teléfono y me entregaron los libros de las guías telefónicas, me acordé de la promesa que le había hecho a mi esposa de que iríamos juntos a la iglesia; aparte de que ya yo me estaba sintiendo incómodo con mi modo de vida y deseaba un cambio. Así que, agarré las páginas amarillas y busqué la sección de iglesias hasta encontrar a la iglesia Adventista del Séptimo Día. Ya yo sabía que en Hawái había una gran población de hispanos, así que yo esperaba ver por lo menos una iglesia hispana. Para mi sorpresa encontré iglesias de habla inglesa, filipino, japonesa, samoana, coreana, hasta una división china, pero no había mención de la iglesia hispana. Un error de imprenta. Pensé.

Inmediatamente busqué el número de la oficina del presidente de la misión. Una mujer contestó y le pedí si fuera tan amable de darme el número de la iglesia hispana. No tenemos iglesia hispana. Fue su respuesta. Rápidamente pregunté si había una división hispana. No. Me dijo. Pregunté si había por lo menos una escuela sabática o filial en español. Ahora sí, la respuesta que siguió me cayó como balde de agua fría. La respuesta fue: No tenemos ninguna obra para la comunidad hispana.

Cuando me dio esta respuesta. Me entró un enojo indescriptible. ¿Mi respuesta? Ahora sí, hablando con enojo: Si así es como la iglesia adventista se siente al respecto de los hispanos, yo no necesito la iglesia adventista. Colgué el teléfono en forma muy irrespetuosa.

Lágrimas comenzaron a correr por mis mejillas. Me sentí traicionado por Dios y su iglesia. ¿Cómo era posible? ¿Si esta era la verdadera iglesia de Dios, como es que no tenían ni una clase de escuela sabática para la gran población de hispanos en Hawái? Lancé la guía telefónica a través de la habitación, hasta la pared opuesta, donde pegó con un fuerte golpe. En la soledad, lloré por largo rato. Le reclamé a Dios y aunque parezca increíble, no sentí su rechazo. Lo que sí sentí fue una calma, que al momento no podía explicar.

Ahora me doy cuenta que por primera vez en mucho tiempo, había derramado mis cargas ante Dios, en forma honesta, sin pretensiones ni formalismo. Dios escuchó mi oración y como un padre amoroso y compasivo no me condenó, sino que me sostuvo en sus brazos, y me permitió descargar mi corazón dolido y me dio su paz. Una paz, que va más allá de lo que es humanamente posible comprender.

Yo no lo sabía en ese momento pero Dios había puesto en marcha un plan por el cual yo, el hijo pródigo, volvería a la casa de mi Padre. Más adelante hablaremos de eso.

La noche antes del arribo de mi esposa, había celebrado una fiesta con mis compañeros hasta muy tarde en la madrugada. Así que me desperté más tarde de lo anticipado a limpiar el apartamento. Para cuando terminé de limpiar ya era pasado el tiempo de partir al aeropuerto. Mi única esperanza ere que el vuelo tuviere atraso, como suele suceder a menudo con los vuelos comerciales. Pero para colmo de males, este vuelo llegó a tiempo.

Cuando llegué al aeropuerto ya mi esposa había reclamado su equipaje y la encontré con lágrimas es sus ojos. Yo sabía que había actuado mal y me sentí como si el corazón se me quería partir en mil pedazos.

De camino al apartamento, ya calmada mi esposa me dice: Usted ha estado tomado. ¿Qué pasó con la iglesia? ¿No que cuando llegara a Hawái íbamos a ir a la iglesia? Le tomé de la mano y le dije: Mami, la iglesia adventista aquí no quiere a los hispanos. Fíjate que llamé y tienen de toda clase de iglesias para todas las diferentes razas en Hawái, menos los hispanos. Olvídate de la iglesia. Si ellos no nos quieren a nosotros, nosotros tampoco los necesitamos a ellos. Mi esposa se dio cuenta que el mero hecho de mencionar la iglesia me había enojado, así que, decidió no hablar más del asunto.

Pasaron dos años y mi situación cada vez iba empeorando. Aun así, yo sentía la necesidad de buscar a Dios, pero no estaba seguro si Dios me aceptaría de regreso al redil. Una tarde, llegué borracho al apartamento. No recuerdo mucho los detalles, pero una imagen que no he podido olvidar es la mirada de miedo en los ojos de mi hijo.

En un momento dado, yo estaba sentado en mi silla favorita en la sal del apartamento, escuchando música. Mi hijo pasaba a la cocina y lo llamé. Le iba a poner la mano en la cabeza, pero el niño se retrajo.

Inmediatamente me di cuenta que mi hijo me tenía miedo. Le hablé suavemente y le dije que no temiera, que yo no le iba a hacer nada. Le besé su frente y lo abracé.

Recordé como mis hermanos y yo también le temíamos a mi papá cuando él llegaba borracho a la casa a golpear a mi mamá. Aunque yo no golpeaba a mi esposa ni a mis hijos.

Sin darme cuenta me estaba volviendo en una imagen de mi papá cuando yo era niño. Ahora mi hijo, mi propio hijo, me tenía miedo. Despedí a mi hijo, quien salió corriendo a la cocina donde estaba su madre.

Lloré al pensar que me había convertido en un ogro para mi familia. Le rogué a Dios que me ayudara. Que ya yo no quería seguir este camino que llevaba. Si mi familia me temía, es porque me había convertido en algo que yo mismo había dicho en el pasado yo no haría. Pero yo quería estar seguro que Dios me aceptaba. Así que, le pedí a Dios, que de alguna manera me mostrase que Él todavía me quería, que estaba dispuesto a aceptarme y que Él me amaba.

Pasados algunos días, estaba en la casa de un amigo, donde se celebraba el cumpleaños de su esposa. Mi esposa no había querido acompañarme, pues sabía que en la casa de este amigo se iba a tomar mucho licor y ella ya estaba cansada de mis borracheras. En el transcurso de la noche, me tomé más de medio litro de ron y algunas cervezas. A la media noche, decidí partir. Mis amigos se dieron cuenta que estaba borracho y me rogaron que no condujera. Una cosa que yo siempre me había prometido, era que nunca manejaría borracho. Por eso, siempre que tomaba, mi esposa era la que manejaba de regreso. Pero en esta ocasión, sin la señora a mi lado, decidí continuar.

Cuando iba saliendo del complejo donde vivía mi amigo, el alcohol comenzó a tener efecto. Mientras conducía, se me hacía difícil mantener mi auto en el carril. Yo veía las líneas del carril moviéndose de lado a lado. Reconocí lo peligroso de la situación y aunque la razón me decía que lo mejor sería detenerme, decidí continuar. Estaba a unos cinco minutos de distancia y estaba seguro que podría hacer el viaje. Tan pronto entré a la autopista, me di cuenta de lo insensato de esta decisión.

En la autopista, en la condición que me encontraba, se me hizo aún más difícil mantener el auto bajo control. Gracias a Dios no había otro vehículo al rededor. De lo contrario hubiera tenido un accidente y quién sabe si hasta hubiera perdido la vida, o peor, pude haber herido gravemente a otra persona y hubiera tenido que vivir con el cargo de conciencia.

A pesar de estar borracho, estaba consiente de todo. Mientras más trataba de controlar el vehículo, peor se volvía la situación. En un momento de desesperación, elevé mis pensamientos al Dios Todopoderoso: Dios mío ayúdame. Yo sé que lo que estoy haciendo es una estupidez, pero si Tú me ayudas a llegar a mi casa, sin tener un accidente, sin dañar a otra persona y sin ser detenido por la policía, yo te prometo que nunca más volveré a tomar alcohol. Ayúdame Señor, yo no podría vivir sabiendo que le he causado daño a otra persona. Dios, en su misericordia, escuchó mi oración.

Llegué a mi apartamento. Con dificultad subí las escaleras al dormitorio y me dejé caer en la cama. Pero no podía dormir. Otras veces había estado borracho, pero nunca como esa noche.

Todo a mí alrededor parecía girar. Me dolía la cabeza y de repente comencé a sentir un hormigueo por todo el cuerpo. Una voz inaudible me dijo, estás intoxicado, si no te mueves y sudas, te vas a morir.

Inmediatamente me levanté, me vestí con ropa y zapatos de correr y me fui de carrera. Cada paso me parecía que me iba a caer. Corrí, corrí y corrí. Tuve que parar un par de veces para vomitar, pero continué corriendo, pues sentía que mi vida dependía de ello.

Corrí por dos horas y finalmente comencé a sudar. Al sentir el sudor me sentí más relajado. Continué corriendo por otra media hora. Mientras corría platiqué con Dios. Le agradecí por regresarme seguro a mi casa sin tener un accidente ni ser detenido por la policía. Le pedí que me ayudara a cumplir la promesa que le había hecho de no tomar más. También le pedí que me ayudara a ser mejor padre y esposo. No recuerdo todo lo que le dije, pero en esas dos horas y media, derramé mi ser ante El Creador del universo. Luego regresé a casa y la verdadera lucha comenzó.

Recuerdo que cuando iba al supermercado con mi esposa, a veces nos separábamos y mientras ella iba por algunos artículos por un lado yo buscaba otros por otro lado y así podíamos mercar en menos tiempo. La primera vez que fuimos a mercar, después de yo haber decidido no tomar más, me tocó a mí buscar el adobo.

En el supermercado donde estábamos, las especias internacionales, estaban en una góndola frente a los vinos. A mí me gustaba mucho el vino y por el simple hecho de tener que pasar por esa góndola, se me hacía la boca agua. Tuve que agarrarme fuertemente del coche de compras y elevar una oración a Dios por fortaleza para vencer la tentación.

Esta escena se repitió varias veces, hasta que por fin Dios me ha dado la victoria sobre ese demonio del alcohol y ahora puedo pasar por cualquier lugar, aunque se esté regalando el vino, y no me apetece. Gloria a Dios, porque Él es mi fortaleza en medio de la tentación.

Porque, aunque soy hombre débil, con Dios a mi lado soy más fuerte que el mismo Satanás. No porque yo sea fuerte, sino porque Mi Dios es fuerte. Con Dios a tu lado, todo es posible.

Todo lo puedo en Cristo que me fortalece... Filipenses 4:13

POEMAS

Este poema lo escribí durante una vigilia en la iglesia de Carrollton, Georgia. Como era costumbre en esta iglesia, cada vigilia tenía un tema central. En esta ocasión el tema central eran los ángeles. Mientras otros participaban, El Señor me inspiró a escribir...

Los Ángeles

Siempre están al servicio de Dios,
y diariamente, acomunan con Él.
Escúchame bien lo que te digo,
no provoques la ira de Aquél.

No son motivo de adoración;
solo al Creador, debes adorar.
Sí, son motivo de admiración,
su dedicación, debes emular.

Ya sea con peón o realeza,
varias funciones hacen a diario.
Algunas, por su naturaleza,
te parecerán algo extraño.

Algunos cubren el trono de Dios.
Otros registran todos tus actos;
otros, ejecutan el plan de Dios,
mientras otros, protegen los santos.

El benevolente ángel guardián,
nos protege de noche y día.
Porque el ángel caído, Satán,
busca tu destrucción y la mía.

Doy gracias a Dios por ellos;
sin ayuda, no podría vivir.
Y a tus hijos; esto es bello,
les protegen siempre al dormir.

El siguiente poema lo escribí para otra vigilia en la iglesia de Carrollton. En esta ocasión el tema central era "Jesús El Maestro Ejemplar". Se me pidió concluir con un poema y unas palabras. En oración pedí a Dios que me inspirara y en un sueño vi a Jesús caminando por las calles de Jerusalén acompañado de una gran multitud. Su sonrisa impartía gozo y paz. Mientras contemplaba esta escena, escuché la primera estrofa de este poema. Tan pronto desperté, tome un bolígrafo y papel y comencé a escribir. Mientras escribía, oraba a Dios por inspiración. El me inspiró a escribir...

El Buen Maestro

Por las calles de Jerusalén
caminó El Buen Maestro.
Demostrando el Amor del Padre
con su vida y con ejemplo.

Enseñando, sanando y predicando,
El Buen Maestro pasó los días.
Para salvar a una humanidad,
por la cual felizmente, su vida daría.

Porque ejemplo os he dado,
dijo El Buen Maestro en el pasado.
Para que vosotros, al prójimo hagáis
como yo hoy, os he enseñado.

A ti te pregunto... Del Buen Maestro,
aceptarás hoy el llamado?
A una doliente humanidad,
su único remedio presentarás?

Muchos vinieron a verle...
por varias y distintas razones:
Unos por curiosidad,
otros en busca de la verdad.

Yo le busco... porque solo en El...
encuentro significado para esto.
¿Y tú, mi amado hermano;
para qué buscas Al Maestro?

La inspiración de este poema llegó en el 2013, mientras escuchaba el programa radial "La Hora Más Romántica" que salía al aire todos los lunes a las 11:00 AM por Radio Vida en Atlanta, GA.

Mientras trabajaba, a veces escuchaba esta estación y en una ocasión, mientras escuchaba a un caballero siendo entrevistado por el locutor, mi mente comenzó a volar a los días cuando me enamoré de mi amada esposa y quise poner mis pensamientos en verso.

En seguida oré a Dios por inspiración y dos semanas después, tuve lo oportunidad de leer estas palabras a mi amada en el aire...

Por Eso

Emilce, amada mía....
Veinte primaveras
y mi amor florece por ti.

Hoy, le doy gracias
al Dios del universo,
por el privilegio
de regalarte un verso.

Pregunto;
¿Por qué me enamoré de ti?
Y pienso...

La primera vez
que escuché
tu melodiosa voz,
fue delicada y suave
música a mis oídos.

La primera vez
que noté tus carnosos labios,
despertaron en mí,
el deseo de besarlos.

La primera vez
que tu cabellera toqué,
un corrientaso sentí,
y no sé por qué.

La primera vez
que te vi llorar de verdad,
me di cuenta
de tu vulnerabilidad.

La primera vez
que te vi caminar la ladera,
noté tus amplias
y hermosas caderas.

La primera vez
que tus bellos ojos miré,
supe que tuyo,

por siempre seré.

La primera vez
que vi tu sonrisa,
mi corazón así no más,
latió de prisa.

A tu lado,
las horas pasan rápido aquí.
Pero nada de eso,
me enamoró de ti.

La primera vez
que te vi a solas platicar
con un hombre viejo y triste,
noté que al despedirte,
le abrasaste,
y su mejilla tiernamente
besaste.

El viejo indio
una sonrisa te regaló.
Y en ese momento,
tu valor comprendí yo.

Eres un verdadero
y valioso tesoro.
Por ti doy gracias
al Dios que adoro.

¡Qué mujer! Amigable,
cariñosa, tierna;
que no desprecias
al que necesita de ti.

Mi amor,
por eso es que yo te amo,
y por eso;
me enamoré de ti.

El siguiente poema lo escribí en junio del 2003. La tía María Luisa era la única hermana de mi padre. Siempre que yo la visitaba ella me hacía sentir como un rey. Era una mujer muy atenta y cariñosa.

De ella aprendí mucho acerca de la historia de nuestra familia. Pero lo que más recuerdo, era el brillar de sus ojos y la tierna sonrisa que llenaba su rostro el simple hecho de mencionar a mi papá. Aunque hombre de baja estatura, ante sus ojos era el hombre más grande del mundo.

Fue a través de mi tía María que conocí acerca de las luchas de la niñez y la adolescencia de mi padre. Junto a ella pasé muchas horas, escuchando acerca de su hermano; a quien con tanto amor ella recordaba.

Ya mi querida tía no está con nosotros. Que descanse en paz, hasta aquel día, cuando el Dios, defensor de los huérfanos, la ha de llamar ante su presencia.

Mi Tía María Luisa

Es mi tía María Luisa,
de Dios una gran bendición.
Por eso conmigo siempre,
la llevo en el corazón.

Su dulce fragancia,
como la de una flor;
y su sonrisa contagiosa,
recuerdo con amor,

En su melodiosa voz,
ella su amor me transmite.
Por eso, de mi corazón,
¡Nunca! habrá quién la quite.

Dicen que Dios al que bendice,
mucha pero mucha prole le da.

Cinco generaciones
arrulló mi tía,
y ella,
no demuestra su edad.

Su juventud y belleza eterna,
de sus abuelos, herencia es,
de los famosos indios taínos,
que con orgullo, dice que es.

Gracias doy al Dios del cielo,
por tan grande mujer amada.
Y por este gran consuelo,
de mi padre,
su única hermana.

Al llegar
de este poema el final,
no quiero
mostrar mucha prisa.
Pero quiero
que quede muy claro,
que yo amo, a mi tía
María Luisa.

Fue en la iglesia de Carrollton, Georgia donde comenzó mi carrera ministerial. Llegué a esta iglesia en abril del año 2001 y al despedirme solo tres años después, mi corazón estaba lleno de emociones mixtas. Por varias semanas, este poema fue tomando forma. La mañana de mi despedida, tuve el privilegio de decir estas palabras...

A mis hermanos de Carrollton...

No Un Adiós

Hermanos, este no es un adiós,
sino un... hasta luego.
Años, por los cuales agradezco a Dios,
ya han pasado muy ligero.

Muchos sentimientos me abaten;
hoy, dejarlos no quisiera.
Pero al llamado de nuestro Dios,
rehusarme yo no pudiera.

Quedan en buenas manos;
El Espíritu Santo les acompaña.
Y ha provisto un nuevo pastor,
para continuar esta hazaña.

Yo he dado...
lo que por gracia de Dios pudiera
Un amor sincero....
el que por ustedes yo sintiera.

El amor ha sido mi principal tema.
Así como de Jesús yo aprendí,
quisiera que siempre sientan entre sí,
el amor que por ustedes, yo sentí.

Sentí... es incorrecto,
pues indica pasado sentimiento.
Pero este amor, que por ustedes siento
lo llevaré siempre muy adentro.

A cada uno, un favor le pido
en este hermoso día.
Como a sus discípulos al partir,
Jesús probablemente diría...

No juzgues las faltas de tu hermano.
Para que tú también no seas juzgado.
Llévale a Dios en constante oración,
para que en el cielo, pueda estar a tu lado.

El amor cubre multitud de pecados,
El maestro a sus discípulos enseñó.
Amaos todos, en forma tal,
que la pureza de Dios, podáis reflejar.

Hoy al despedirme...
su nuevo pastor les encomiendo.
Es el ungido Dios...
escuchar su consejo, les recomiendo.

No esperen de él la perfección.
Hombre falible es, al igual que yo.
Con deseos de enseñaros llegó.
y al igual que yo, sirve a nuestro Dios.

Resta por decir, si acaso no nos vemos,
no un adiós, sino un... hasta luego.
Cuando juntos con el Maestro estaremos,
y el fruto de la vid, con El disfrutaremos.

El siguiente es un corito que mis hijos y yo acostumbramos cantar. Este corito surgió un sábado de mañana el en año 1994 en Corea del Sur durante el culto familiar.

Mientras cantamos, acostumbramos cantar los coritos o himnos que cada uno desea cantar. Cuando era el turno de mi hijo Jorge de escoger el canto, le pregunté ¿Qué quieres cantar? Él me contestó muy seriamente: "Nada".

Enseguida me di cuenta que el muchacho estaba siendo rebelde y que dependiendo de mi respuesta, este culto sería una bendición o una maldición para mi familia.

Preferí no decirle nada y seguí con mi hijo David y le pregunté ¿Qué quieres cantar? Él me contestó con una sonrisa nada. Continué con el menor, mi hijo Rubén y le pregunté ¿Qué quieres cantar? Él me contestó igual que sus hermanos, "nada"

Yo suponía que ellos querían cantar, pero estaban siguiendo el liderazgo de su hermano mayor.

Inmediatamente elevé mi pensamiento a Dios y le pedí ayuda y sabiduría. Cuando abrí mi boca comencé a cantar este corito.

Las sonrisas que llenaron los rostros de mis niños serán inolvidables. A todos les gustó tanto, que pidieron cantarlo de nuevo una y otra vez.

Ahora este corito es parte de nuestro culto familiar. La versión original es en inglés, pero en un campamento del club de conquistadores "Los Felinos" de la iglesia Central de Atlanta, lo traduje al español. Espero sea una bendición para usted y su familia como lo ha sido para la mía.

Nada

Nada, nada, nada.
Nada es la canción.
Nada, nada, nada,
nada puede ir mal.

Porque Cristo te ama,
Nada puede ir mal.
Porque Cristo te ama,
Nada puede ir mal.

Nada, nada, nada.
Nada es la canción.
Nada, nada, nada,
nada puede ir mal.

Este poema es el primero de dos que escribí al comienzo de mi primera vigilia en la iglesia de Maranatha, en Forest Park, Georgia.

Es interesante, pero comencé a escribir sin saber que más tarde, esa misma noche, utilizaría estas palabras para resumir los mensajes que se predicaron.

¿Quién es mi Dios?

Es el creador del universo,
y la inspiración de este verso.

Él es s el pan de la vida,
y el que me da la comida.

Él es el que la lluvia da,
y te acompaña, do quiera que vas.

Él es el médico divino,
y el que por ti vino.

Él es el camino de vida y verdad,
y te tiene lugar, en su santa ciudad.

En el año 2005, regresé a mi tierra natal con la intención de abrir un negocio y pasar el resto de mi vida rodeado de mis amigos y familiares.

Todo lo relacionado con el negocio salió mal. Entre mis familiares noté una falta de amor y afecto. Mis "amigos" brillaban por su ausencia.

En un sábado de tarde, mientras estaba en casa, solo y deprimido, comencé a hablar con Dios. En respuesta, al rato y por separados, llegaron a visitarme tres buenos amigos que no había podido ver por varias semanas y me levantaron el ánimo. Luego de su partida, El me inspiró con estas palabras...

Dios... Mi sustento

Señor...
¿Por qué permites
que pierda mi sustento?
¿Acaso... no soy tu hijo?

¿Qué comeré?
¿Con qué me vestiré?
¿Por qué me siguen problemas mil?
¿Por qué se gozan mis enemigos?

y... ¿Dónde están mis amigos?
¿Acaso... Acaso no soy tu hijo?

¿No prometiste tu protección
para el que hace tu voluntad?
¿No soy más importante que un ave
o los lirios del campo?
¿Cómo pues... cuidas de ellos
mientras... yo pierdo el sustento?

Hijo mío... Yo nunca te abandonaré.
Nunca te desampararé.
Cuidaré de ti, mejor que de las aves,
y te vestiré, como a ninguna flor.

Tus problemas han de pasar
y tus amigos voy a multiplicar.
Nunca necesitarás mendigar el pan.

Solo te pido que tengas paciencia,
y también, que me des tu obediencia.
Y nunca debes olvidar... que de ti,
Yo soy... el sustento.

El siguiente poema es dedicado a mi amada esposa, Emilcen, quien es la inspiración del mismo. Lo escribí en 1992 en Corea del Sur mientras ella estaba en Puerto Rico.

En una ocasión mientras hablábamos por teléfono, la noté muy triste. Después de completada la llamada, en mi soledad, le rogué a Dios que me diera palabras para ayudar a levantarle el ánimo y este fue el resultado:

Para ti mi vida, con todo mi amor...

La Flor

En el norte del paraíso
está una hermosa flor.
Extraño mucho el paraíso
también la hermosa flor.

La imagino de madrugada
bañada por el rocío.
Hermosamente peinada
y muriéndose de frío.

Es ella la más hermosa
de todas las flores.
Y tiene, entre otras cosas
el mejor de los olores.

De Colombia fue trasplantada.
Su ternura es sin igual.
Ruego a Dios que mi amada
no se vaya a marchitar.

Muy triste vive esa flor
en el valle de la soledad.
Quiero que sepa mi amor,
pronto, conmigo ha de estar.

Al paraíso he de regresar;
si es la voluntad de Dios.
Esa flor a conquistar
y juntos estaremos los dos.

El siguiente poema es el segundo de dos que escribí al comienzo de mi primera vigilia en la iglesia de Maranatha, en Forest Park, Georgia. Mientras uno de los predicadores hablaba acerca de la importancia de la oración, comencé a recordar una experiencia que tuve en el año 1992 mientras estaba en Augusta, Georgia de camino a Corea del Sur.

Dos semanas antes, había enviado a mi familia a Puerto Rico, donde ellos pasarían un año separados de mí. La mañana del incidente, yo estaba triste y nada parecía salir bien, hasta que en mi camino encontré unas flores tan pequeñas que solo podían contemplarse de cerca. Este poema es el recuento de esa experiencia...

Las Diminutas Flores

¿Te has dado cuenta
querido amigo,
que de varios tamaños y
tipos
Dios ha hecho las flores?

Muchos colores
adornan su creación,
Y ricos olores,
que inspiran canción.

Los lirios del campo
que Él nos dio,
en su parábola dijo El
Maestro,
ni Salomón,
como uno ellos se vistió.

El tamaño de las flores,
yo nunca noté.

Su propósito es lógico,
le diría yo a usted.

Las grandes magnolias
en árboles crecen,
Para ser vistas por las aves,
que en sus pétalos se
mecen.

Las hermosas rosas,
son de tamaño perfecto,
Para ser obsequiadas,
como señal de afecto.

Para unas flores,
motivo no encontraba.
Hablo de las diminutas
flores,
que en mi camino
encontrara.

Caminando solitario
y amargo un día,
por fin su propósito
El Señor me mostró.
Escucha mi amigo el
relato,
Porque esto, en mi carne,
lo viví yo.

Mientras caminaba
sombrío y triste,
desconsolado y amargo,
de pronto en el camino,
las hermosas flores
encontré.

Primero... solo el color
mi atención llamó.
Y como tan pequeñitas
eran,
de cerca, muy de cerca,
quise verlas yo.

Cada flor es una obra de
arte,
con hermosos pétalos,
pistilos...
y sus otras partes.

De pronto en mi mente,
una pregunta surgió:
Qué propósito tuvo El,
para tan diminuta flor?

En ese momento...
yo cuenta me di,
que en esa mañana,
sin hablar con Dios,
de mi habitación salí,

Ya que de rodillas estaba,
elevé una plegaria,
por la vida, bendiciones
y esa mañana agria,
gracias, a mi Dios yo di.

De esas hermosas flores,
el propósito comprendí,
era para recordarme a mí,
que al Creador del
universo
cada mañana, debo elevar
un verso.

Por eso, en esta solemne
ocasión,
a Él elevo mi oración,
y le digo con mucho
fervor:
Gracias Dios, por la
diminuta flor.

En 1993, mientras esperaba en mi habitación por la llamada semanal de mi esposa, le pedí a Dios que me ayudara a escribir algo con su nombre e inmediatamente escribí su nombre en forma vertical y escribí este verso...

Emilcen

EMILCEN es el nombre de mi amada.
Mi amor por ella, Indescriptible
Inquieto paso los días.
Lejos estoy; esto es horrible.
Consuelo tengo en este día.
El saber que me ama, es suficiente.
Nunca se apague, este amor ardiente.

En una ocasión en que hablaba con mi hermano Ángel, quien estaba en la cárcel, este me pidió que le escribiera un poema para enviárselo a sus hijos. Oré a Dios por inspiración y este fue el resultado.

Hazme, Oh! Dios

Hazme, Oh! Dios,
el padre que Tú quieres
que yo sea para mis hijos.
Refleja en mí, oh Dios,
la belleza de lo que Tú eres:
gozo, paz y amor fijo.

Y mientras lejos me encuentro,
procura que no les falte el pan,
que en plena salud jueguen,
y comprendan que aquí adentro,
aunque los días lentos se van,
en mi mente, siempre vivirán.

El siguiente poema lo escribí durante otra vigilia en la iglesia de Carrollton. Cuando llegué a la iglesia me di cuenta que el tema central era "La mujer." Inmediatamente, las palabras de este poema comenzaron a fluir así que no pude esperar y comencé a escribir...

Mujer

Tan delicada, no se debe herir,
ni con el pétalo de una rosa.
Tan Fuerte, que puede soportar,
las peores cosas.

Tan confiable, que solo ella
conoce el secreto de Dios.
Tan hermosa, que como ella,
no hay dos.

Tan industriosa,
que trabaja noche y día.
Esto lo vi, en la madre mía.

Tan llena de sabiduría,
que me aconsejaba todos los días.
Gracias a ella, hoy puedo creer.
Gracias Dios, por la mujer.

Con ella, el hombre es uno.
Sin ella, su valor es nulo.
Ya sea, madre, hija o esposa;
solo te digo una cosa:

Es un regalo de Dios,
no le des que hacer.
Acompáñame al decir;
Gracias Dios...por la mujer.

Al regresar del sepelio de tres personas muy especiales y queridas por este su servidor, fui inspirado a inmortalizar la ocasión con este poema…

Tres Mariposas

Huevo, oruga, mariposa,
ese es el ciclo de la vida.
Dijo en ocasión el párroco.
Y al final de cada estación,
una luz al final del conducto.

Hoy, en un hermoso bosque,
tres viejas orugas despedimos.
Aunque dolorosa la despedida,
celebramos su transformación.

Alicia, Gilberto y Leonor,
partieron la estación de la vida.
Tras la luz de Dios en honor.
Ya no como viejas orugas,
sino… como tres hermosas,
y danzantes, mariposas.

En Septiembre del 2017 tuve la desdicha de sepultar a otro de mis hermanos. Hablo de mi hermano Héctor Manuel, el mayor de los hijos varones de mi madre. A pesar de la diferencia de edad, Héctor y yo disfrutábamos de una buena relación fraternal.

Teníamos muchas cosas en común y sus consejos a través de los años han ayudado también a la formación de mi persona. Mientras estaba en la funeraria orando y pensando que iba a decir, fui inspirado a escribir acerca de la primera vez que él me llevó a "El Parterre" un parque dedicado a la niñez de la ciudad de Aguadilla, Puerto Rico.

EL Parterre De Aguadilla

Escuché el rumor de un lugar,
donde niñas y niños pueden jugar.
Un lugar lleno de maravillas,
en mi pueblo de Aguadilla.

Escuché hablar de leones
donde calman su sed los peones.
Y de una gran caja al final,
de donde fluye un manantial.

Escuché hablar de arcos y puentes,
cuya sombra cobija los peces,
de flamboyanes y monumentos,
donde se pasan buenos momentos.

Pregunté a mi hermano Héctor;
¿Cuándo vallas por ese sector,
me llevas a conocer ese lugar,
donde niñas y niños pueden jugar?

Claro que sí, la respuesta no tardó,
y a ese lugar, mi hermano me llevó.
No era como en mi mente imaginé.
Pero... aun así, maravillado quedé.

Hoy... mi hermano está ausente.
Aunque, en mi corazón, presente.
Solo me quedan: la nostalgia y el lugar,
donde niñas y niños pueden jugar.

Este poema lo escribí para resumir un sermón que prediqué por primera vez en la iglesia de Carrollton, GA en el 2001.

¿A Quién Buscáis?

¿A Quién Buscáis?
¡Al que me libra
de los problemas!
Jesús os dice; "Yo Soy"

¿A Quién Buscáis?
¡Al que me puede dar
poder para vencer la tentación!
Jesús os dice; "Yo Soy"

Pero, decidme… ¿A Quién Buscáis?
¡Al pan de la vida abundante!
Jesús os dice; "Yo Soy"

Pero, ¿Qué hacéis? ¿A Quién Buscáis?
¡A la luz que disipa la confusión!
Jesús os dice; "Yo Soy"

¿Otra vez vos? ¿A Quién Buscáis?
¡Al que me libra de peligro y la tentación!
Jesús os dice; Yo Soy"

Y ¿ahora? ¿A Quién Buscáis?
¡Al que me da fortaleza para vencer!
Jesús os dice; "Yo Soy"

Pero… ¿Qué Buscáis?
¡El camino al cielo!
Jesús os dice; "Yo Soy"

AGUINALDOS

Los aguinaldos son un tipo de música tradicional en mi tierra. La gente de la montaña la canta con frecuencia. En mi pueblo solo se oían en tiempos de Navidad; la cual era mi época favorita. El aire era fresco, la gente estaba de buen humor y se celebraba el nacimiento de Jesús. No se celebraba un solo día como en muchos países, sino que se celebraba toda una temporada, desde el tercer jueves de Noviembre, hasta el 11 de enero, cuando terminaban las llamadas octavitas.

Crecí escuchando a mi hermano Héctor componiendo y cantando aguinaldos. Todos los años, desde su adolescencia hasta poco antes de morir, sus amigos siempre lo buscaban en la época navideña para celebrar juntos. De él aprendí el estilo y de vez en cuando yo también participaba de las festividades y componía mis propios aguinaldos.

En una visita a la familia de mi esposa en Colombia, le celebramos el cumpleaños número 92 a mi querida suegra. Como a ella le gusta mucho la música tradicional, mi concuñado le regaló una serenata y yo no me pude contener, así que pedí a Dios me ayudara a componer algo apropiado para la ocasión y este fue el resultado. Vale mencionar que mi suegra quedó encantada.

Doña Valentina

CORO: // Doña Valentina, Yo he venido aquí //
// para desearle, cumpleaños feliz. //

CORO

// Me acompaña Emilce, mírela allí. //
Doña Valentina, Yo he venido aquí,
para desearle, cumpleaños feliz.

CORO

// También está El Parra, con su coro sí. //
Doña Valentina, Yo he venido aquí,
para desearle, cumpleaños feliz.

CORO

//Traigo bellas flores, 'pa traer color. //
Espero disfrute con su rico olor.
Doña Valentina, Yo he venido aquí,
para desearle, cumpleaños feliz.

CORO

// Aquí su familia, me acompaña a mí. //
Doña Valentina, Yo he venido aquí,
para desearle, cumpleaños feliz.

CORO
// El día de su santo celebramos, sí. //
Doña Valentina, Yo he venido aquí,
para desearle, cumpleaños feliz.

CORO

// Dios me la bendiga, Yo termino aquí. //
Ay, Doña Valentina, Yo he venido aquí,
para desearle, cumpleaños feliz.

CORO

Ponle Gasolina

CORO: // Ponle Gasolina, // hoy a mi motor.
// Llévame a Cornejo a ver a mi amor. //

CORO

// Entre los cantores, // No soy el mejor.
Ponle Gasolina hoy a mi motor.
Llévame a Cornejo a ver a mi amor.

CORO

// Le traigo estas flores. // hoy de corazón.
Ponle Gasolina hoy a mi motor.
Llévame a Cornejo a ver a mi amor.

CORO

// Con esto termino. // Cedo mi lugar.
Pero, Ponle Gasolina hoy a mi motor.
Llévame a Cornejo a ver a mi amor.

CORO

Con Mucho Amor

CORO: // Doña Valentina, le traigo esta flor; //
// Para saludarle, con mucho amor. //

CORO

// Tomé tres aviones y un buen carro, sí. //
Le traigo estas flores y este combo aquí.
Doña Valentina, le traigo esta flor;
Para saludarle, con mucho amor.

CORO

// Usted se merece esto y mucho más. //
Le traigo el saludo de aquellos de allá.
Doña Valentina, le traigo esta flor;
Para saludarle, con mucho amor.

CORO

// También llegó Emilce con su hija Modesta. //
Cecilia y Yolanda le alegran la fiesta.
Doña Valentina, le traigo esta flor;
Para saludarle, con mucho amor.

CORO

// Teo y Victoria, siempre con usted. //
Doris con su prole, aman su merced.
Doña Valentina, le traigo esta flor;
Para saludarle, con mucho amor.

CORO

// Parrita y Ton, siempre alegre están. //
Y a este viajero no le niegan pan.
Doña Valentina, le traigo esta flor;
Para saludarle, con mucho amor.

CORO

// Jorge y Rubén, y su hijo José, //
También le saludan, con todo su amor.
Doña Valentina, le traigo esta flor;
Para saludarle, con mucho amor.

CORO

// Con esto termino no soy trovador. //
Pero yo le canto con mucho amor.
Ay Doña Valentina, le traigo esta flor;
Para saludarle, con mucho amor.

CORO

Lo Que Está En Vitrina

CORO: // Lo que está en vitrina es para vender. //
// Sea mercancía, hombre o mujer. //

CORO

// Si tú no te vendes escúchame bien. //
No estés en vitrina como hiciste ayer.
Lo que está en vitrina es para vender
Sea mercancía, hombre o mujer.

CORO

// Cubre hoy tu cuerpo no lo dejes ver. //
Es que yo en vitrina, no te quiero ver.
Lo que está en vitrina es para vender
Sea mercancía, hombre o mujer.

CORO

// Yo a ti te respeto tú lo sabes bien. //
Por eso te digo lo que dije antier.
Lo que está en vitrina es para vender
Sea mercancía, hombre o mujer.

CORO

// Aquí me despido yo no sé qué hacer. //
Solo te repito lo que dije a Haydé.
Lo que está en vitrina es para vender
Sea mercancía, hombre o mujer.

CORO

¿Escucha Dios Mis Oraciones?

**Pero Dios sí me ha escuchado,
ha atendido a la voz de mi plegaria.
Salmos 66:19**

Desde muy temprana edad, mi hermana Elsa me enseñó a orar. Me enseñó que Dios siempre está atento a nuestras oraciones. No hay cosa que no le podamos contar a Dios, porque Él es omnisapiente, que quiere decir que Él lo sabe todo.

Pero... si Él lo sabe todo, ¿Para qué voy a orar? Esta pregunta me persiguió por mucho tiempo. Hasta que en una ocasión, mientras estaba en Hawái, le pregunté al pastor, Phil Muthersbaugh y él me dijo lo siguiente:

"Hay un principio en el universo que es inalterable. Dios no interfiere en los asuntos de sus criaturas, a menos que ellas se lo pidan. Si tú quieres que Dios intervenga en tu vida, tú tienes que pedírselo y debes ser específico en lo que pides."

Eso cambió totalmente mi perspectiva en cuanto a la oración. Así que comencé a pedir la intervención de Dios, en todos los aspectos de mi vida, personal y profesional. Los resultados han sido sorprendentes y a veces, milagrosos.

En muchas ocasiones, he tenido sueños que me han dejado muy preocupado. He soñado con algún desastre natural que estaba por ocurrir. Pero, no sabía ni el lugar ni conocía las personas que pasarían por la experiencia. Lo peor es, que uno o dos días después, ocurría el desastre, tal como yo lo soñé, con resultados devastadores y hasta la pérdida de vidas.

Yo me preguntaba; ¿Para qué se me da un sueño profetizando un evento por ocurrir, si yo no puede hacer nada al respecto? Cuando le presenté esta inquietud al pastor Muthersbaugh, el sencillamente me dijo: "Si Dios te está mostrando algo que va a ocurrir, sobre lo cual tú no tienes ningún control, Él espera que tú, le pidas a Él que intervenga."

Así que, la próxima vez que tuve un sueño de esta índole, yo estaba listo. Resulta que una noche, mientras dormía, cerca de las 3:00 AM, soñé con un tornado inmenso, que se movía por unas casas y las hacía escombros en segundos. De pronto, me desperté y me di cuenta que no era un sueño común. Inmediatamente, me puse de rodillas y rogué a Dios que salvara la vida de todos los que estuvieren involucrados. Me regresé a la cama y dormí otras tres horas.

En la mañana, mientras me preparaba para ir al trabajo, encendí el televisor y estaban transmitiendo las noticias. Para mi sorpresa, esa misma madrugada, un tornado había azotado la parte sur de Georgia, el estado donde resido en estos momentos, y había destruido muchas casas.

Todas la personas contaban sus experiencias de cómo se habían librado y salido ilesas en forma milagrosa. Solo una familia estaba preocupada por su bebé, que había sido arrancado por el viento de los brazos de su madre y no sabían dónde estaba.

Para sorpresa de todos, un policía del condado había encontrado al bebé, ileso, sentado en la rama de un árbol, tranquilo y riéndose a carcajadas, como si alguien le acompañara. El noticiero le llamó "The Miracle Baby" (El bebé del milagro).

Nadie se podía explicar, ¿Cómo ese bebé fue a para a esa rama? ¿Cómo es que no se calló de la rama? ¿Por qué no lloró? ¿Cómo es que no sufrió ningún daño? Ellos no sabían, pero yo sí. Estaba seguro que Dios había escuchado mi oración. Se perdió mucha propiedad en ese desastre, pero no se perdió, ni una sola vida. Gloria a Dios.

> ¿Está afligido alguno entre ustedes? Que ore.... ¿Está enfermo alguno... oren por él... La oración de fe sanará al enfermo... oren unos por otros, para que sean sanados. La oración del justo es poderosa y eficaz.   Santiago 5:13-16

De igual modo, en muchas otras ocasiones he tenido la oportunidad de orar por personas que están pasando por momentos difíciles y Dios ha intervenido en forma milagrosa.

Una vez, mientras ayudaba a liderar la iglesia de Jonesboro, hispana, me invitaron a orar por una hermana que sufría de cáncer y ya los médicos la habían desahuciado.

Cuando llegué a su casa, estaban varios hermanos de la iglesia y sus hijas con ella. Así que, cuando llegó mi turno, le dije que venía a orar por ella a petición de su hija. Le pedí que por favor fuera específica y me dijera exactamente, que era lo que ella quería que Dios hiciera en su caso.

Su respuesta me sorprendió. Yo esperaba que ella, obviamente, pidiera por su sanación inmediata y permanente. Pero, no fue así. Ella miró a su hija menor, de apenas ocho años y la señaló con un dedo y me dijo: "Yo quiero ver a esa niña, casada con un buen hombre de Dios, y quiero arrullar a sus hijos en mi regazo." Yo le dije: "Vamos a orar y si es la voluntad de Dios, así será."

Tomados de la mano, todos los allí presente, oramos por la hermana y su petición. La hermana muy pronto se recuperó y su vida volvió a la normalidad. Pasaron varios años, su niña creció, estudió una carrera y se casó. Un año después del nacimiento de su tercer bebé, la hermana enfermó y muy pronto pasó al descanso. No sin antes reconocer, que Dios le había extendido su misericordia al darle suficiente tiempo, para ver realizado su sueño de ver que su hija se casara con un buen hombre de Dios y haber arrullado sus tres nietos.

Sí mi querido lector, Dios escucha y responde a cada una de nuestras oraciones. No siempre la respuesta es lo que esperamos. Pero, sí lo que necesitamos.

Una vez le dije a una hermana de la iglesia de Carrollton; "Estoy orando por usted." Su respuesta me dejó perplejo; ¡Ay no pastor, mejor no ore por mí!" Yo pregunté; ¿Perdón? ¿No quiere que ore por usted? Ella dijo; "No pastor, es que cuando usted ora por alguien la gente se muere." Sorprendido le pregunté; ¿Y, quién le ha dicho eso a usted? Ella respondió; Es que yo estaba aquí cuando usted oró por el pastor Alva y pasados cinco días él se murió.

Sí, es cierto. La iglesia entera había estado orando por el pastor Alva. Un siervo de Dios que había dedicado, prácticamente, toda su vida al servicio de Dios y su iglesia. Ahora en su vejez estaba sufriendo mucho.

Recuerdo que cuando oramos, pedimos por su recuperación, pero también le pedimos a Dios, que si no era su voluntad la recuperación, entonces, que tuviera misericordia y le permitiera a su familia despedirse y pronto lo pusiera a descansar.

Así fue, la respuesta no se hizo esperar. No estaba dentro del plan de Dios, la restauración de nuestro amado hermano. El pastor Alva murió rodeado de sus seres queridos.

Nuestros días sobre este planeta están contados. Tarde o temprano a cada uno le llega el día que tiene que dejar sus labores y descansar hasta la venida del Señor. En mi humilde opinión, creo que es mejor una muerte repentina, que una larga agonía. Usted, ¿Qué opina?

Sabemos que Dios no escucha a los pecadores, pero sí a los piadosos y a quienes hacen su voluntad.
Juan 9:31

En Octubre del 2017, me detuve en una gasolinera a reabastecer el tanque del carro de mi esposa el cual estaba usando ese día. Cuando entré al vehículo, un individuo se detuvo al lado del mismo, entre la bomba y el automóvil.

Tan pronto lo vi le puse el seguro a la puerta. El hombre estaba tratando de decirme algo que no percibí, por lo que bajé la ventanilla como una pulgada más o menos.

El hombre estaba admirando el carro y me pregunto si se lo dejaba manejar. Inmediatamente me di cuenta que sus intenciones no eran buenas. Así que, antes de contestarle, elevé una oración en mi mente para Dios.

Le dije: "Señor ayúdame que este tipo me quiere robar." Cortésmente le dije que no y el insistió. Cuando le dije que no por segunda vez, el hombre se airó y sacó una pistola semi-automática.

Nuevamente le dije que no y puse el auto en marcha. Nuevamente el hombre me dijo que me bajara del auto y que esa iba a ser la última vez que me lo decía. Le dije que de la única manera que yo me bajaba del auto era si el me sacaba a la fuerza. Pero yo por mis propias fuerzas no iba a bajarme del auto.

Me dijo, ¿Oh si? Te saco. Yo le dije; "Sácame si puedes." Puse el selector de cambios en "D" y miré rápidamente para asegurar una ruta de escape. Cuando vi que el hombre tenía el cerrojo de la puerta bien agarrado, saqué el pie del freno y lo puse en el acelerador. Aceleré tan rápido que el hombre perdió el balance y la inercia de vehículo lo hizo girar 180 grados.

Cuando miré por el retrovisor, el hombre estaba mirando en la dirección opuesta, con las manos arriba, pistola en mano y actuando como quien no podía comprender lo que acababa de suceder. Di gracias a Dios y seguí mi rumbo.

Aun si voy por valles tenebrosos, no temo peligro alguno porque tú estás a mi lado...

Salmo 23:4

WWW.ROBERTOALAGO.COM

¿Quién es Dios?

Este libro no pretende ser la autoridad en la persona de Dios. Ni tampoco trata de explicar su naturaleza. Tampoco es un recurso exhaustivo en el tema.

Este libro es, simplemente, la historia de cómo el autor, a través de los años, ha descubierto diferentes aspectos de la persona Dios y el impacto que este conocimiento ha tenido en su vida y la vida de aquellos que le rodean.

En este libro encontrará anécdotas personales del autor, su familia y amigos. También encontrará, poemas y cantos de su autoría.

Esperamos el contenido sea una bendición para usted y su familia.

HACERCA DEL AUTOR

Roberto Alago es un predicador dinámico con más de treinta años de experiencia. Llamado por Dios a una temprana edad, ha tenido la oportunidad de predicar el evangelio en Canadá, Colombia, Corea del Sur, e Estado Federado de Micronesia, su tierra natal de Puerto Rico, varios estados de los Estados Unidos, Venezuela y Guatemala.

Sirvió con distinción, en el ejército de Estados Unidos. Como soldado y como contratista, adquirió un amplio conocimiento en sistemas computarizados y tiene una larga lista de trabajos culminados y muy extensa para listar. Tanto así que, en una ocasión un colega le dijo: "Creo tu próxima asignación que aceptes, asegura que se trate, como inventar algo diferente."

Made in the USA
Columbia, SC
17 April 2023